Bibliografische Information der Deutschen Nationalbibliothek:

Die Deutsche Bibliothek verzeichnet diese Publikation in der Deutschen National-
bibliografie; detaillierte bibliografische Daten sind im Internet über http://dnb.d-
nb.de/ abrufbar.

Impressum:

Copyright © 2003 GRIN Verlag, Open Publishing GmbH
Druck und Bindung: Books on Demand GmbH, Norderstedt Germany
ISBN: 9783638854948

Dieses Buch bei GRIN:

http://www.grin.com/de/e-book/10222/entwurf-und-implementierung-eines-systems-
fuer-mehrpersonenspiele-mit-jini

Dirk Hen

Entwurf und Implementierung eines Systems für Mehrpersonenspiele mit JINI und JavaSpaces

GRIN Verlag

GRIN - Your knowledge has value

Der GRIN Verlag publiziert seit 1998 wissenschaftliche Arbeiten von Studenten, Hochschullehrern und anderen Akademikern als eBook und gedrucktes Buch. Die Verlagswebsite www.grin.com ist die ideale Plattform zur Veröffentlichung von Hausarbeiten, Abschlussarbeiten, wissenschaftlichen Aufsätzen, Dissertationen und Fachbüchern.

Besuchen Sie uns im Internet:

http://www.grin.com/

http://www.facebook.com/grincom

http://www.twitter.com/grin_com

Entwurf und Implementierung eines Systems für Mehrpersonenspiele mit JINI und JavaSpaces

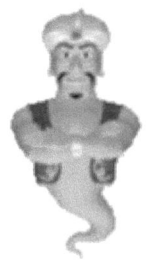

WS 2002/2003

Fachhochschule Schneidershof
Fachbereich: Angewandte Informatik
54293 Trier

Autor: Dirk Hen

Überblick

1 Einleitung

1.1 Zielbestimmung

1.1.1 Zielsetzung

Im Rahmen dieser Projektarbeit soll eine verteilte Anwendung entwickelt werden, welche in der Lage ist, über ein Netzwerk Mehrpersonen-Spiele anzubieten und dynamisch zu verwalten. Hierbei soll weniger der Fokus auf die Spiele an sich, sondern auf die Kommunikation und den Datentransport der einzelnen Clients gesetzt werden. Die Hauptaufgabe besteht darin, einen Client auf Basis von Jini und JavaSpaces zu erstellen, welcher Verbindungen zu anderen Spielern aufbaut und die verschiedensten Spiele anbietet. Diese Spiele können durch ‚einfache Integration' eingebunden werden. Unter ‚einfacher Integration' versteht man, dass der Anwender seinen Client nicht updaten muss, wenn der Entwickler ein neues Spiel implementiert und integriert! Die Integration eines neuen Spiels soll durch ‚dynamisches Klassenladen' über einen Webserver stattfinden. Die Abbildung 1.1-1 zeigt den verteilten Aufbau.

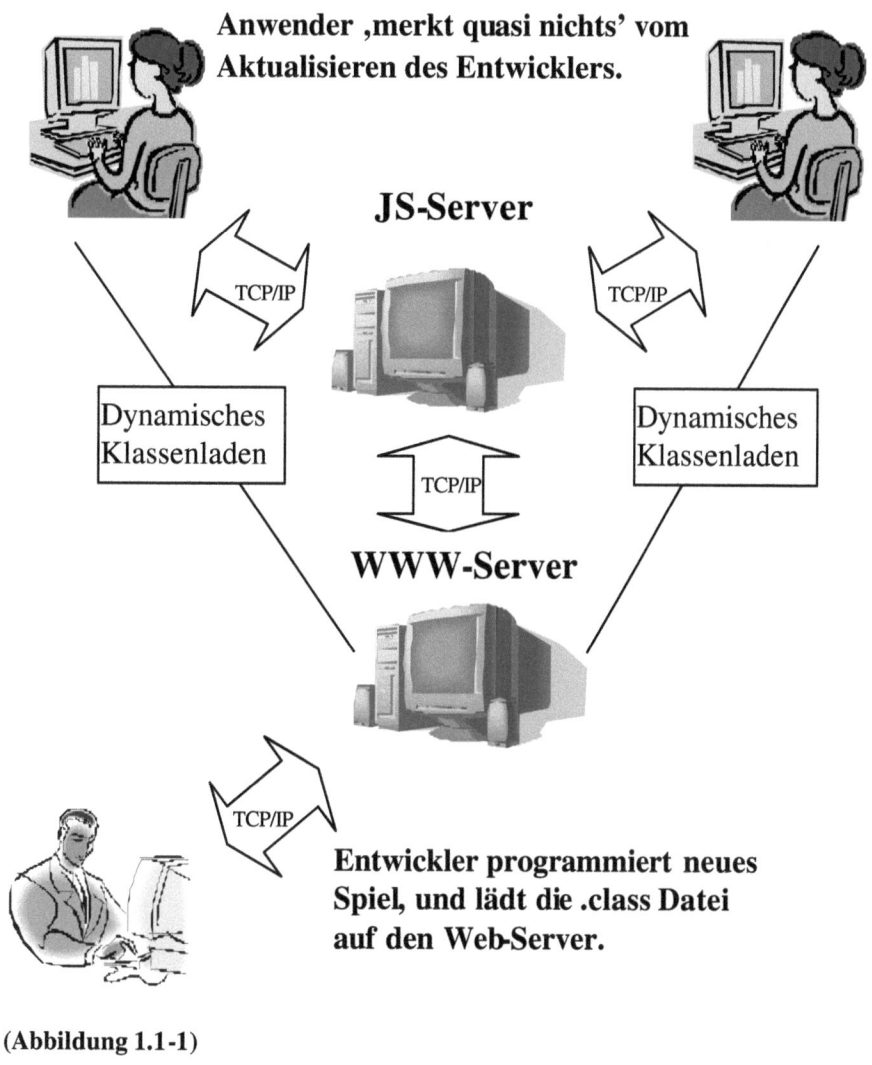

(Abbildung 1.1-1)

1.1.2 Kriterien, die der Client erfüllen muss

Der Client muss folgende funktionalen Kriterien nach Abschluss dieser
Projektarbeit erfüllen können:
- Ein beliebig ausgewählte Spielpartie erstellen
- Einer erstellten Spielpartie beitreten
- Eine Spielpartie verlassen
- TicTacToe spielen
- Das 100er Spiel spielen
- Verbindung zu den Jini-Diensten aufbauen
- Mehrbenutzerfähigkeit
- Einfache Integration weiterer Spieltypen
- Datentransport ausschließlich über JavaSpaces
- Dynamische Objektverwaltung des JavaSpace-Servers

1.1.3 Kriterien, die der Client erfüllen kann

Weitere Ziele, die das Projekt zwar erfüllen könnte, aber auf die hier verzichtet
werden kann, da sie die eigentliche Kernfunktionalität nicht beeinflussen:
- Eine laufende Spielpartie beobachten
- Authentifizierung mit einem Spielernamen

1.1.4 Abgrenzungskriterien zu anderen Produkten

In diesem Punkt möchte ich kurz auf die Abgrenzung der Funktionalität zu
anderen Systemen eingehen, welche aber hier bewusst nicht zur Zielsetzung
beitragen sollen. Als Gegenüberstellung habe ich den ‚Gamespy' der Firma
Arcarde (http://www.gamespy.com) getestet, welcher von der Grundidee ähnlich
ist, sich aber dennoch in folgenden Punkten abgrenzt:
- Wurde in anderer Programmiersprache implementiert (C++)
- Installation nur über das Internet
- Datentransport ist in den Spielen selbst ‚hart programmiert'
- Client-Update bei neuer Spielintegration erforderlich
- GameSpy beinhaltet User Chat und Spielerliste als Feature

1.2 Einsatz

Die Analyse des Einsatzes liefert wichtige Informationen für die Benutzungsoberfläche und die Qualitätsanforderungen des zukünftigen Systems.

1.2.1 Benutzer und Zielgruppe des Produkts

Im Allgemeinen kann man sagen, dass die Anwendung von zwei Gruppen genutzt wird.

- Der ,**Endanwender**'
  - ✍ nutzt den Client zum Spielen!
- Der ,**Spielprogrammierer**'
  - ✍ Zum einfachen Integrieren neuer Spiele

1.2.2 Einsatzgebiet und Betriebsbedingungen

Der Client soll seinen Einsatz bei jedem Anwender finden, der gerne mit anderen Leuten über ein Netzwerk spielen möchte. Die physikalische Umgebung des Systems wird in den meisten Fällen der Home-PC, eventuell auf einer LAN-Party sein. Weiterhin soll die Anwendung bei Spielprogrammierern zum Einsatz kommen, die mit einfachen Mitteln Mehrpersonen-Spiele anbieten und implementieren möchten. Die Betriebszeit hängt von dem Anwender ab und kann hier nicht definiert werden.

2 Benötigtes Vorwissen

Um das Nachfolgende richtig verstehen zu können, ist es notwendig ein gutes Grundwissen von Java RMI (Remote Method Invocation) zu besitzen. Die folgenden Punkte beziehen sich nur auf die wichtigsten Eigenschaften von Jini und JavaSpaces.

2.1 Der Geist aus der Flasche (JINI)

Auf den ersten Blick erinnert das Wort Jini an den ‚guten Lampengeist' aus
‚Aladin und die Wunderlampe'
Des Weiteren lässt sich eine nahe Verwandtschaft mit dem Wort Java erkennen. JINI steht für ‚Java Intelligent Network Infrastructure' und es handelt sich bei JINI um eine Art Netzwerk-‚Plug & Play' System, das – analog zum Flaschengeist – jede Art von Diensten bereitstellen kann. Und auch die Wortverwandtschaft zu Java ist kein Trugschluss, da Jini vollständig auf Java basiert und auch dessen Standard-Klassen-Bibliothek nutzt.

2.1.1 Die drei Grundpfeiler

Prinzipiell kann man bei Jini, wie in Abbildung 2.1-1 zu sehen ist, drei Hauptkomponenten ausmachen:

Ein zentraler **LookupService-Server** stellt den Dreh- und Angelpunkt des gesamten Konzeptes dar. Er muss allen anderen Komponenten zugänglich sein und enthält eine Art Datenbank diverser zuvor registrierter Services, die bei Bedarf ausgeliefert werden können.

Der **Service-Server** ist der ‚Anbieter' von Services. Er registriert selbige beim Lookup-Server und führt sie meistens auch aus.

Ein **Client** bzw. das entsprechende Programm implementiert die Schnittstelle zum Endnutzer und richtet dementsprechend formatierte Service-Wünsche an einen Lookup-Server. Er macht die Services also letztendlich nutzbar.

Alle Komponenten können auf beliebigen Rechnern laufen, die durch ein ‚beliebiges TCP/IP Netzwerk' verbunden sind.

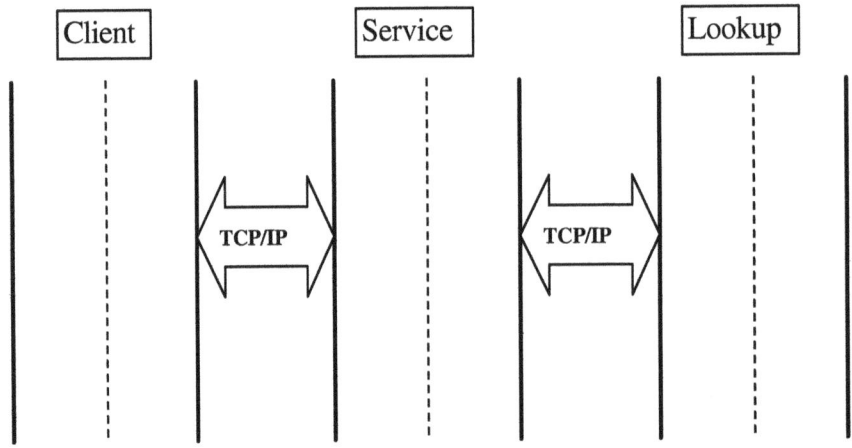

(Abbildung 2.1-1)

2.1.2 Discovery

Sowohl Client als auch Service müssen zunächst Kontakt zu einem Lookup-Service aufnehmen. Hier unterscheidet man zwei Wege:

- ✍ Unicast-Lookup
- ✍ Multicast-Lookup

Unicast-Lookup wird verwendet, wenn die IP-Adresse des Lookup-Servers bereits bekannt ist. Hier wird also gezielt eine Verbindung hergestellt.

Beim **Multicast-Lookup** wird per ‚Broadcast' im so erreichbaren Netzwerk versucht, einen Lookup-Service zu finden. Dieser wird standardmäßig auf Port 4160 ‚lauschen'. Das heißt, eigentlich ‚lauscht' dort der RMI-Daemon *(s.h. Anhang)*, welcher dann den Lookup-Service aufweckt. Bei der Suche können Gruppen angegeben werden, die einen solchen Service unterstützen sollen. In jedem Fall liefert nach erfolgreicher Verbindungsaufnahme der Lookup-Service ein so genanntes ‚Registrar-Objekt (Proxy) P' an den Client bzw. Service *(s.h. Abb. 2.1-2)*. Dies kann dann zur weiteren Kommunikation genutzt werden.

Lookup-Service wird gesucht:

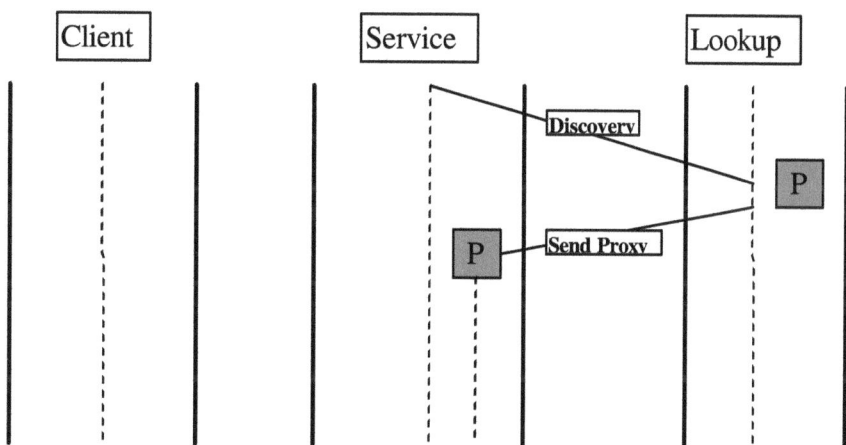

(Abbildung 2.1-2)

2.1.3 Registrierung

Mit Hilfe des empfangenen ‚Registrars P ' kann sich ein Service-Server einen Service mit diversen Eigenschaften registrieren. Dabei werden u.a eine Kopie des Services bzw. eines Service-Proxies SP , der später Kontakt zum eigentlichen Service aufnehmen kann, zum Lookup-Server gesendet (*s.h. Abb. 2.1-3*). Der Lookup-Server vergibt bei der erstmaligen Registrierung eine eindeutige ID, welche bei erneuter Anmeldung vom Service-Server oder auch vom Client genutzt werden kann. Je nach Lookup-Service muss die Registrierung regelmäßig erneuert werden. Dies dient z.B. dem Vermeiden von ‚Service-Leichen'. Wenn ein Service registriert ist, kann mit Sicherheit davon ausgegangen werden, dass der Anbieter noch existiert.

Dienst meldet sich an:

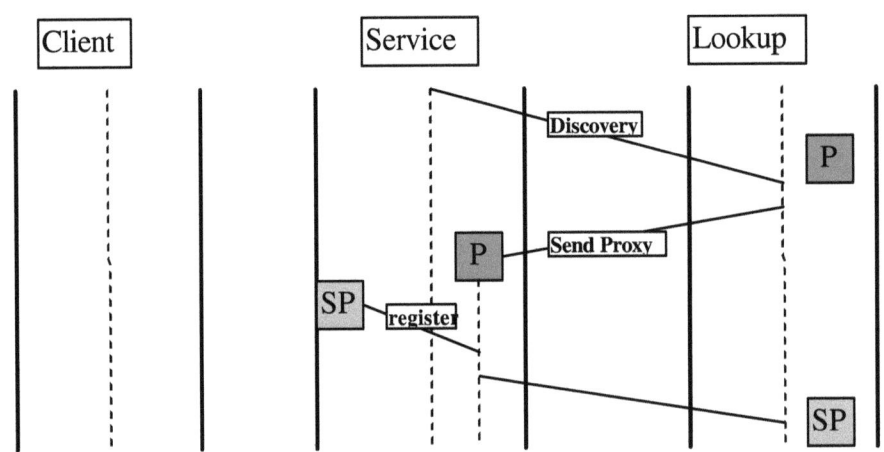

(Abbildung 2.1-3)

2.1.4 Nutzung eines Services

Ein Client kann den empfangenen ,Registrar P' benutzen, um einen Service anzufordern. Dazu muss entweder eine eindeutige ,Service-ID', diverse Eigenschaften oder ein konkretes Interface angegeben werden, welches dem gewünschten Service entspreche n *(s.h. Abb. 2.1-4)*

Client nutzt Service:

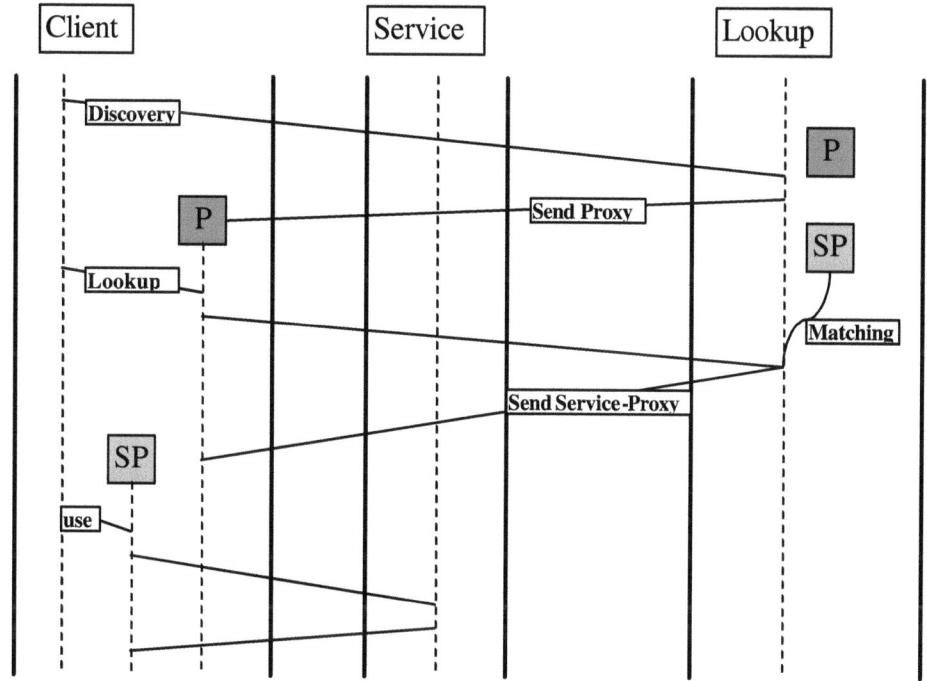

(Abbildung 2.1-4)

2.2 Das Leasing Prinzip

Bislang wurden mit Lookup und Discovery jene Mechanismen vorgestellt, welche für das Auffinden und Bereitstellen von Diensten verantwortlich sind.
Ein wichtiger Bestandteil von JINI ist die ‚Leasing' Eigenschaft.
Hier wird die Fähigkeit von Selbstheilung und Bewältigung unvermeidbarer Störungen innerhalb eines Netzwerks, Systemabstürzen und Software-Fehlern gewährleistet. Der Aspekt 'Zuverlässigkeit' ist besonders wichtig, wenn Software-Systeme mit geringem oder gar keinem Wartungsaufwand langfristig existieren sollen. Jini stellt dafür einen ‚*LeaseRenewalManager*' zur Verfügung.

2.2.1 Was ist Leasing?

Leasing basiert auf dem Prinzip, dass Zugriff auf eine Ressource nur für begrenzte Zeit gewährt wird. Die Ressource wird für eine bestimmte Zeitspanne ‚geliehen'. Jini-Leases stellt an Nutzer von Ressourcen bei langfristiger Nutzung die Anforderung regelmäßiger Bestätigung des Bedarfs. Jini-Leases können vom Anbieter des Leases abgelehnt und vom Abnehmer verlängert werden. Leases bieten eine konsistente Möglichkeit für das Entfernen ungenutzter oder nicht mehr benötigter Informationen, um mit den vorhandenen Ressourcen schonend umzugehen.

2.2.2 Vorteile von Leasing

Ein großer Vorteil liegt darin, dass die Wahrscheinlichkeit des Absturzes des gesamten Systems auf ein Minimum reduziert wird.

> ✍ Das System verhält sich ‚**vorsichtig**'

Jini vereinheitlicht die Handhabung bestimmter Programmfehler, die Leases werden bei Netzwerkfehlern und Abstürzen von einzelnen Rechnern nicht mehr verlängert.

2.3 JavaSpaces

JavaSpaces sind neben den JINI Diensten das wesentliche Element der Netzwerkkonzepte in Java.
JavaSpaces werden eingesetzt, um Teilnehmer einer JINI Gemeinschaft zu koordinieren. Man kann JavaSpaces losgelöst von JINI als Werkzeug zur Entwicklung verteilter Anwendungen betrachten. In JavaSpaces Anwendungen kommunizieren Prozesse nicht direkt miteinander, sondern sie koordinieren ihre Aktivitäten, indem sie Objekte mit Hilfe eines Spaces, eines gemeinsamen Speicherbereichs, austauschen. Ein Prozess kann ein neues Objekt in ein Space schreiben (*write()*), lesen (*read()*) oder entfernen *(take())*. Die Prozesse rufen keine Methoden im Space auf. Spaces dienen nur zur Objektspeicherung. Um ein Objekt zu verändern muss ein Prozess dieses aus dem Space kopieren oder herausholen, modifizieren und wieder in den Space schreiben. Die Abbildung 2.3 zeigt die Grundfunktionen:

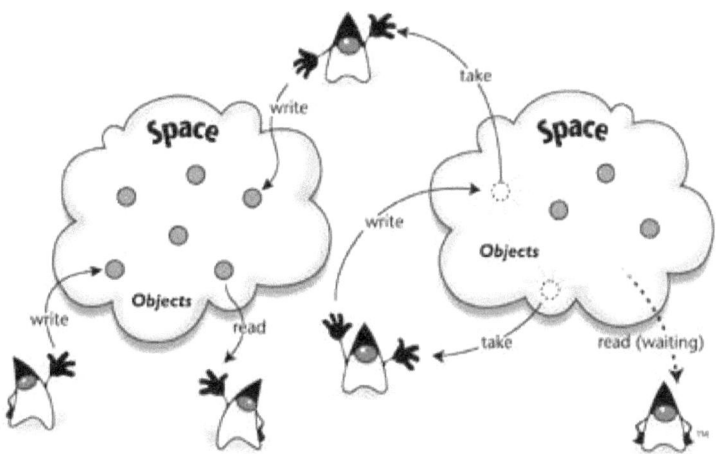

(Abbildung 2.3)

Jeder Prozess wird hier als ‚Duke' dargestellt. Zum Herausholen oder Lesen eines Objekts wird ein ‚Matching-Algorithmus' verwendet. Falls kein Objekt mit den angegebenen Suchkriterien existiert, kann der Prozess warten, bis ein gesuchtes Objekt eintrifft. Spaces sind Objektspeicher mit mehreren wichtigen Eigenschaften, welche sie zu einem mächtigen Werkzeug machen.

2.3.1 Die wichtigsten Methoden im Überblick

Ablegen von Objekten
Lease write(Entry entry, Transaction txm, long lease)

Lesen von Objekten
Entry read(Entry Template, Transaction txm, long timeout)
Entry readIfExsits(Entry Template, Transaction txm, long Timeout)

Entfernen von Objekten
Entry take(Entry Template, Transaction txm, long Timeout)
Entry takeIfExsits(Entry Template, Transaction txm, long Timeout)

2.3.2 Das Entry

Ein Objekt, welches in einem Space gespeichert werden soll, bezeichnet man als ‚***Entry'***. Um ein Entry zu sein, muss das Objekt das Interface Entry implementieren.

Ein Beispiel:
import net.jini.core.entry.Entry;

```
public class Nachricht implements Entry
{
        public String einString;
        // Ein Konstruktor ohne Argumente
        public Nachricht()
        { }
}
```

Diese Klasse besitzt ein String-Attribut, welches eine Nachricht aufnehmen kann. Entry ist ein *,marker Interface'*. Es besitzt somit keine Konstanten oder Methoden und ist daher recht einfach zu implementieren. Jedes Feld eines Entry muss *,public'* sein. Man kann keine Basistypen in einem Entry abspeichern. Ein Entry kann eine beliebige Anzahl von Konstruktoren haben.

2.3.3 Idee der Synchronisation

JavaSpaces können sehr gut zur Kommunikation und Koordination in verteilten Java-Anwendungen eingesetzt werden.

Zum Beispiel kann man JavaSpaces zur Koordination schnell veränderlicher JINI-Umgebungen, Umgebungen in denen Entities verfügbar und nicht verfügbar sind, einsetzen. JavaSpaces garantiert Synchronisation auf Entry Ebene. Durch den geschickten Einsatz dieser Entries können also Zugriffe und Aktivitäten synchronisiert werden.

Es ergibt sich folgendes Grundmuster der Synchronisation:
- Lesen eines vorhandenen Entry ist jederzeit möglich (auch von mehreren Prozessen)
- Ändern eines Entry ist jeweils nur durch einen Prozess möglich. Dabei wird das Entry erst aus dem Space entfernt, dann verändert. Damit ist es exklusiv verfügbar. Danach wird es wieder in den Space zurück geschrieben.

,Read(), write()' und *,take()'* Operationen erzwingen einen koordinierten Zugriff auf Entries. Dieser Mechanismus **muss** verstanden worden sein, da er als Grundlage in der zu implementierenden Anwendung dient.

2.4 Weitere wichtige Dienste

? **Ein Webserver**
Jini erfordert diesen, da das Herunterladen von RMI-Code mit Hilfe des HTTP-Protokolls erfolgt.

? **TransactionManager (MAHALO)**
Mit Hilfe von Transaktionen kann Jini erreichen, dass Berechnungen unter Beteiligung mehrerer Dienste sicher ausgeführt werden können. Der Aufrufer wird darüber informiert, ob die Berechnung vollständig oder gar nicht verarbeitet wurde. In beiden Fällen existiert ein bekannter Zustand. Dies Modell schützt vor Tücken und teilweiser Ausfälle innerhalb verteilter Systeme.

? **Den RMI-Aktivierungs-Daemon (RMID)**
Der Aktivierungs-Dienst ist sehr einfach verwendbar und stellt einen sehr nützlichen Bestandteil der Java-Infrastruktur dar. Der RMID ermöglicht Objekten, die nur selten gebraucht werden, gewissermaßen ,einzuschlafen', um bei Bedarf automatisch geweckt zu werden. Der RMID reguliert das Wechseln zwischen den aktiven und inaktiven Zuständen solcher Objekte und wird von den anderen grundlegenden Jini-Diensten ausgiebig genutzt. Der RMID muss auf jedem Host laufen, auf dem auch der Lookup-Dienst beschrieben wird.

3 Anforderungen

3.1 Problemstellung

In diesem Teil der Dokumentation wird gezielt auf die Problemstellung und den dabei auftretenden Problemen eingegangen werden. Dabei werden keinerlei Funktionen genau definiert oder Lösungsvorschläge gegeben.

3.1.1 Spezifische Problembeschreibung

Wie bereits aus der Zielsetzung hervorgeht, ist eine verteilte Anwendung zu entwickeln, welche auf Basis von Jini und JavaSpaces einen Client repräsentieren soll, mit dem man die verschiedensten Spiele über eine TCP/IP Verbindung nutzen kann. Dazu soll eine übersichtliche Oberfläche erstellt werden, die dem Nutzer bei Programmstart die Möglichkeit gibt, eine Spielpartie zu erstellen, einer erstellten Partie beizutreten, eine laufende Partie als Beobachter zu verfolgen und den Client wieder beenden zu können. Möchte der Anwender eine neue Spielpartie erstellen, soll er sich aus einer Auswahlliste ein Spieltyp selektieren und die Spielerzahl mit angeben. Um zu sehen, welche Partien bereits erstellt wurden, wird eine Liste benötigt, über die man eine Spielpartie selektieren kann um dieser beizutreten, oder sie zu beobachten. Aus der Liste muss ersichtlich sein, um welchen Spieltyp es sich handelt, wie viele Spieler der Spieltyp erfassen kann, wie viele bereits zu dieser Spielpartie beigetreten sind und wie der momentane Spielstatus ist. Der Status soll Information über den momentanen Zustand der Spielpartien in Form von ‚offen', ‚läuft' oder ‚beendet' liefern. Diese Liste muss immer aktuell gehalten werden. Dies kann automatisch vom Programm nach interner Zeitvorgabe, oder vom Benutzer manuell erledigt werden. Hat man eine Partie erstellt oder ist zu einer erstellten Spielpartie beigetreten, soll man in eine Art ‚Warteraum' geführt werden, in dem man die Partie auch wieder verlassen kann. Auch im Spiel selber muss die Möglichkeit bestehen, das laufende Spiel wieder verlassen oder den Client komplett beenden zu können. Hierbei ist eine ständige Aktualisierung der erforderlichen Spieldaten und die Reinigung des JavaSpace-Servers notwendig. Die wichtigste Anforderung liegt jedoch in der dynamischen Integration bzw. Objekt-Instanzierung eines neuen oder ausgewählten Spiels (Instanzierung bedeutet die Erzeugung von realen Instanzen (Objekten)). Hierbei ist zu beachten, dass die Datenhaltung so einfach wie möglich gehalten wird, um eine spätere problemlose Integration eines neuen Spiels zu gewährleisten. Der Nutzer des Clients soll die Integration nicht bemerken. Er muss seinen Client keinem Update unterziehen, um das neue Spiel nutzen zu können. Genau an dieser Stelle liegt der Kernpunkt dieses Projekts. Es soll gezeigt werden, wie mit Hilfe der Eigenschaften von Jini und JavaSpaces eine solch komplexe Anwendung einfach erstellt werden kann. Am Ende der Arbeit soll eine Anleitung verfasst werden, die die Integration eines neuen Spiels so einfach wie möglich beschreibt.

3.1.2 Festlegung von Restriktionen

Im Laufe der Projektarbeit mussten einige Abgrenzungen und Festlegungen getroffen werden, um den Umfang der Anwendung zu reduzieren bzw. die Funktionalität eindeutig beschreiben zu können.

Der Initiator einer neu erzeugten Spielpartie erhält immer die Spielernummer eins. Dieser Spieler soll das Spiel eröffnen und den ersten Zug tätigen.

Wird ein laufendes Spiel verlassen oder freiwillig beendet, sollen alle beteiligten Mitspieler eine Nachricht bekommen und die Verbindung wird getrennt. Hier geht keiner als Gewinner oder Verlierer aus der Partie.

Handelt es sich um Spiele wie z.B. TicTacToe oder Schach, bei denen eine feste Spielerzahl von zwei vorgegeben wird, soll die Spielerzahl als ‚fixed' gesetzt werden. Hier darf der Anwender die Spieleranzahl nicht verändern können.

Hat das ausgewählte Spiel seine Höchstspielerzahl erreicht, soll es automatisch gestartet werden. Die Speicherung und Kommunikation der benötigten Spieldaten soll ausschließlich mit Jini und einem JavaSpace-Server geschehen. Um die einzelnen Spiele untereinander zu unterscheiden, muss dem jeweiligen Spieltyp eine eindeutige Spielnummer (ID) mitgegeben werden. Die Initialisierung dieser ID soll **genau einmal** erfolgen. Die ID sollte daher in einem separaten-Entry *(s.h. Punkt 2.3.2)* abgespeichert werden. Auch bei späterer Spielintegration muss die Information des Spieltyps wegen der Aktualisierung des Clients in einem separaten-Entry festgehalten werden. Ist der JSS nicht verfügbar bzw. ‚abgestürzt', muss dies geschickt abgefangen werden und der Client soll eine Nachricht an den Anwender senden.

3.2 Nicht-funktionale Anforderungen

Anforderungen an das System, welche den Freiheitsgrad bei Konstruktion des Systems (also die Umsetzung der funktionalen Anforderung) einschränken.

3.2.1 Systembezogene Anforderungen

Das zu entwickelnde System soll auf allen gängigen Betriebssystemen laufen. Aus diesem Grund soll die Anwendung in Java programmiert werden. Die Benutzerschnittstelle soll mit einer Auflösung von 800 x 600 Bildpunkten noch voll darstellbar sein. Auf dem Client-Rechner müssen Java und Jini fertig konfiguriert vorhanden sein. Auf der Serverseite müssen folgende Dienste zur Datenübertragung und Kommunikation laufen:

- ? RMID
- ? Webserver
- ? TransactionManager (MAHALO)
- ? Lookup Dienst (REGGIE)
- ? JavaSpaces (OUTTRIGGER)

Eine genaue Anleitung zur Inbetriebnahme der einzelnen Dienste ist auf
http://wwwmath.uni-muenster.de/u/versys/courses/SoSe2001/VS/EXAMPLES/Installation.pdf
zu finden.

3.2.2 Prozessspezifische Anforderungen

Das System muss innerhalb der angegebenen Projektfrist von einem Semester einsatzbereit sein. Die Entwicklungsumgebung ist vom Programmierer der Anwendung bereit zu stellen und zu konfigurieren. Die Entwicklung des Systems soll von Zuhause aus erledigt werden. Die Testläufe können im Projektraum an der Fachhochschule Trier ausgeführt werden. Parallel sind ständige Absprachen mit dem Auftraggeber notwendig, welche wöchentlich stattfinden können. Hierbei ist dem Auftraggeber eine Ausarbeitung der letzten Woche schriftlich oder am Rechner vorzuführen. Parallel zur Entwicklung des Systems, muss ein Pflichtenheft/Dokumentation geführt werden, welches bei Fertigstellung des Projekts dem Auftraggeber ausgehändigt werden muss.

3.2.3 Qualitative Anforderungen

Die Anwendung soll eine übersichtliche Benutzerschnittstelle haben. Weiterhin soll die Software leicht änderbar und erweiterbar sein. Das System soll Vertraulichkeit und Sicherheit gewährleisten. Weitere Spiele sollen ohne Schwierigkeiten integrierbar sein. Da es sich hierbei um eine verteilte Anwendung handelt, müssen Rechnerabstürze oder Serverausfälle berücksichtigt werden. Die Performance soll im Hinblick auf eine eventuell große Benutzeranzahl ausreichend sein.

3.3 Funktionale Anforderungen

Im Gegensatz zur Spezifikation wird in diesem Abschnitt nun gezielt auf die Funktionalität eingegangen. Dazu wird anhand von Modellen der Sachverhalt der Funktion verdeutlicht. .

3.3.1 Die Spieldaten

Hier soll darauf geachtet werden, dass keine unnötigen Attribute verwendet werden und dass die Namensgebung aussagekräftig ist. Die Anwendung soll die Eigenschaft besitzen, ohne großen Aufwand erweitert werden zu können. Dies stellt eine große Herausforderung dar, weil die Daten sowohl für Schach als auch für Skat oder andere Spiele geeignet sein müssen.

Man muss spielerspezifische Daten, wie zum Beispiel die Spielernummer, ablegen können. Jeder Spieler, der dem Spiel beitritt, muss eine eindeutige Spielernummer zugeteilt bekommen.

Die maximale Anzahl der Mitspieler muss für den ausgewählten Spieltyp bei der Erstellung des Spiels abgespeichert werden. Außerdem muss eine Grenze vorhanden sein, die Auskunft darüber gibt, wann der letzte der Maximal zulässigen Mitspieler eines Spieltyps eingetroffen ist.

Wird nun die ‚Beitrittsgrenze' erreicht, muss das Spiel als ‚Voll' deklariert werden. Dazu reicht ein Wahrheitswert aus. Auch um das Spielende festzuhalten reicht ein Wahrheitswert, der sagt, ob das Spiel zu Ende ist oder nicht. Um auf ein bestimmtes Spieldatenobjekt zugreifen zu können, muss dies durch eine eindeutige ID gekennzeichnet sein. Man soll ein bestimmtes Spiel aus einer Liste selektieren können, um es zu spielen. Hier muss der Spielname als String angegeben werden, über den man auch später die Klasse identifizieren muss. Daher hat der Spielname ebenso wie die ID eine wichtige Rolle und kann nicht vernachlässigt werden. Eine der wichtigsten Attribute ist der Spielstatus. Der Spielstatus gibt den aktuellen Zustand des laufenden Spiels an. An dieser Stelle muss abstrahiert werden, da es verschiedene Spiele geben kann, die man vorher nicht kennt. Dieser Sachverhalt ist unter Punkt 4.9.2 nachzuschlagen. An dieser Stelle nehmen wir an, dass wir ein Objekt des Typs ‚*SpielStatus*' abspeichern müssen. Zur Spielkoordination muss eine Variable bereitgestellt werden, die sagt, welcher Spieler gerade am Zug ist.

Zusammenfassend werden folgende Anforderungen an die Daten gestellt:

- ✎ Eine eindeutige Spiel-ID
- ✎ Dynamisch zugeteilte Spielernummer
- ✎ Der Spielname des Spiels
- ✎ Der Spielstatus des jeweiligen Spiels
- ✎ Anzahl der maximalen Mitspieler
- ✎ Spieler, der am Zug ist
- ✎ Maximale Mitspieleranzahl einer Spielpartie ist erreicht
- ✎ Eine Spielpartie ist beendet oder nicht

3.3.2 Die Services/Dienst-Suche

Die Anwendung soll auf Basis von Jini und JavaSpaces implementiert werden. Um überhaupt zu wissen, was Jini und JavaSpaces sind wurden in Abschnitt 2 die wichtigsten Eigenschaften erläutert. Hier besteht nun die Anforderung in der Suche der Services und dem Verbindungsaufbau zu dem JavaSpace-Server. Hierzu müssen zunächst die in Punkt 3.2.1 angegebenen Dienste/Server auf dem PC laufen. Die Anwendung muss sich nun die einzelnen Services suchen und die Verbindungen aufbauen. Dazu müssen Referenzen beschafft werden, mit denen man die einzelnen Services ansprechen kann. Es muss eine Verbindung zum „*JavaSpace*'-Server geschaffen werden, der ,*TransactionManager*' soll zum Einsatz kommen und es muss eine Verbindung bzw. Referenz zum ,*LeaseRenewalManager*' bestehen.

Die Anwendung soll sich sozusagen selbst verwalten, was durch den geschickten Einsatz der Jini-Lease-Eigenschaften und den Transaktionen erledigt werden soll.

Zusammenfassend werden folgende Anforderungen gestellt:

- ✍ Verbindungsaufbau zu dem „*JavaSpace*'-Server
- ✍ Verbindungsaufbau zum ,*TransactionManager*'
- ✍ Verbindungsaufbau zum ,*LeaseRenewalManager*'
- ✍ Koordination mittels Transaktionen
- ✍ Dynamische Objektverwaltung durch Angabe von Leases

3.3.3 Die JavaSpace-Server-Initialisierung

In diesem Teil soll der Blick auf die anfängliche JavaSpace-Server-Initialisierung gerichtet werden. Hierbei sei angemerkt, dass die Initialisierung von einem beliebigen Punkt aus der Jini-Gemeinschaft getätigt werden soll. Der Grund dieser Initialisierung liegt darin, dass man sicherstellen muss, nur ,genau eine' ID zu haben. Würde die Initialisierung hart in den Client programmiert, könnte der Fall auftreten, dass zwei Clients gleichzeitig eine neue ID schreiben und es somit ein Synchronisationsproblem geben würde. Also liegt die erste Anforderung darin, eine Art ,Initialisierungs-Server' zu implementieren, welcher die Aufgabe hat, die ID sicher in den JavaSpace-Raum zu schreiben. Dieser Server soll weitgehend unabhängig vom übrigen Programmcode sein. Dazu muss eine extra Entry-Klasse, welche eine Integerzahl repräsentiert, geschrieben werden. Eine weitere Aufgabe dieses Servers soll darin bestehen, auch die Initialisierung der Spieltypen zu übernehmen. Dies ist ein wichtiger Aspekt im Hinblick auf die dynamische Spiel-Integration. Diesem ,Spieltyp-Objekt' müssen demzufolge auch die notwendigen Attribute mitgegeben werden, welche diesen Typ repräsentieren. Eine separate-Entry-Klasse muss auch in diesem Fall geschrieben werden. Die Entry-Klasse speichert neben dem Spielnamen auch Informationen darüber, wie viele Mitspieler diesen Typ spielen können (Schach hat genau 2 Spieler), und ob dieser Wert durch den Benutzer veränderlich ist oder nicht. Auch hier hat der Server die Aufgabe diese Objekte zu verwalten. Im Falle eines Ausfalls sollen diese Objekte verfallen.

Folgende Anforderungen lassen sich daraus ableiten:

- Initialisierungsserver implementieren
- Server soll nicht vom Client abhängig sein
- Server soll ID-Objekt erzeugen und schreiben
- ID-Entry implementieren
- Server soll Spieltypen erzeugen und schreiben
- Spieltyp-Entry implementieren
- Einsatz der Lease-Eigenschaft zwecks Überwachung

3.3.4 Die Benutzerschnittstellen

Die Benutzerschnittstelle hat einen großen Einfluss auf die weitere Vorgehensweise bei der Implementierung. Daher sollte die Schnittstelle zum Benutzer möglichst einfach zu bedienen, übersichtlich und mit den grundlegenden Funktionalitäten ausgestattet sein. Hier ist eine Absprache mit dem Auftraggeber unumgänglich.

Die zu verwendenden Buttons sollen gut angeordnet und mit einer aussagekräftigen Beschriftung gekennzeichnet sein. Eine weitere wichtige Anforderung besteht darin, auf eine unübersichtliche Verschachtelung von Menüs und deren Untermenüs zu verzichten, da viele aufgeklappte Fenster dem Nutzer die Übersicht erschweren. Wird aus der Hauptoberfläche nun eine neue Spielpartie erstellt, sollen deren Buttons deaktiviert werden, damit der Anwender kein zweites Spiel (oder mehr) anlegen, oder zu einer bereits eröffneten Partie beitreten kann. Aus der in Punkt 3.1.1 angegebenen Spezifikation sollen folgende Elemente auf der Hauptoberfläche vorhanden sein:

- Button zum Spiel erstellen
- Button zum Spiel beitreten
- Button zum Spiel beobachten
- Button zum Client beenden
- Eine Liste der derzeitig angebotenen Spiele
- Button zur manuellen Aktualisierung dieser Liste

Möchte man nun als Initiator ein Spiel erstellen, muss man die spielspezifischen Daten angeben und natürlich den Spieltyp auswählen können. Dazu soll eine neue Oberfläche programmiert werden, welche diese Auswahlelemente beinhaltet.

- Auswahlbox für den Spieltyp
- Auswahlbox für die Spieleranzahl des Typs
- Button, um die angegebene Spielpartie zu erstellen
- Button, um wieder zurück zur Hauptoberfläche zu gelangen

Wurde das Spiel erstellt, soll man in den Warteraum geschickt werden um auf weitere Mitspieler zu warten. Hier muss die Möglichkeit bestehen, den Warteraum wieder verlassen zu können. Auch bei der Funktion ,beitreten' soll der Benutzer in den Warteraum des ausgewählten Spiels eintreten.

- Warteraum-Dialog erstellen
- Button, um Warteraum zu verlassen

3.3.5 Die Funktionalität der Anwendung

Die einzelnen Funktionen, die der Client dem Nutzer anbietet, werden in den folgenden Anforderungen dargelegt.

○ **Eine neue Spielpartie erstellen**

Als erstes soll der Anwender die Möglichkeit haben, ein Spieltyp seiner Wahl erstellen zu können. Drückt er den zugehörigen Button ,*Erstellen*', muss sich die passende Oberfläche mit den angebotenen Spieltypen öffnen. Hier kann er einen Spieltyp auswählen und erstellen. Hat der Anwender ein Spiel erstellt, darf er keine zweites eröffnen.

○ **Einer angelegten Spielpartie beitreten**

Wurde nun eine neue Spielpartie erstellt, muss den anderen Mitspielern die Möglichkeit gegeben werden, bei dieser Partie mit einzusteigen. Die Partie muss aus der Spielliste selektierbar sein und mit Betätigung des Beitret-Buttons soll der Spieler mitspielen können. Ist das gewünschte Spiel bereits mit seiner Höchstspielerzahl belegt, soll eine dementsprechende Meldung erscheinen.

○ **Der Spieler Warteraum**

Laut Restriktion aus Punkt 3.1.2 soll das Spiel gestartet werden, wenn der letzte Spieler sich im Warteraum eingefunden hat. Dazu muss ein Warteraum für die Spieler erstellt werden, indem alle Spieler sich sammeln. Es muss geprüft werden, wann der letzte Spieler eingetroffen ist. Wenn es soweit ist, sollen die Objekte des ausgewählten Spiels dynamisch zur Laufzeit erzeugt werden. Erst dann kann gespielt werden.

○ **Eine offene oder laufende Spielpartie verlassen**

Eine weitere Anforderung liegt darin, ein Spiel wieder verlassen zu können. Die Hauptaufgabe besteht in der Reinigung des JavaSpace-Servers von den Spielobjekten. Wird eine laufende Spielpartie verlassen, sollen alle beteiligten Mitspieler eine Nachricht bekommen und das Spielobjekt muss entfernt werden. Hat die Partie noch nicht begonnen und ein Mitspieler verlässt den Warteraum, soll der Platz für einen anderen Spieler freigegeben werden. Sollte der Initiator den Warteraum verlassen, müssen alle bisher eingetretenen Spieler eine Nachricht bekommen und das angelegte Objekt muss entfernt werden. Hierbei darf die Anwendung nicht abstürzen oder hängen bleiben.

○ **Den Client beenden**

Wird der Client beendet muss sichergestellt sein, das sich der Spieler nicht in einer Spielpartie oder im Warteraum befindet. Sollte dies der Fall sein, muss zuvor die Spielpartie beendet werden. Hier gilt auch die Anforderung wie bereits im Punkt ,*eine offene oder laufende Spielpartie verlassen*' beschrieben wurde. Befindet sich der Spieler nicht im laufenden Spiel, oder im Warteraum, wird der Client regulär beendet.

3.3.6 Die Entwicklung und Integration der Spiele

Im Laufe der Projektarbeit sollen zwei Testspiele integriert werden. Die Anforderung in den Spielen besteht hauptsächlich darin, dass sie unabhängig und frei integrierbar sein sollen, ohne den eigentlichen Programmcode des Clients ändern zu müssen. Nicht immer soll eine Klasse sofort ausprogrammiert werden. Dies ist der Fall, wenn die Oberklasse lediglich Methoden für die Unterklassen vorgeben möchte, aber nicht weiß, wie sie diese implementieren soll. In Java gibt es dazu zwei Konzepte: **abstrakte Klassen** und **Schnittstellen** (engl. **interfaces**). Man soll neue Spiele hinzufügen, oder ältere Spiele einfach wieder entfernen können. Dies soll durch die Jini-Eigenschaft des ,dynamischen Klassenladens' realisiert werden. Die Spiele werden somit durch den Spielprogrammierer auf einem Webserver hinterlegt und können nach Bedarf von dort aus abgerufen werden. Man muss also gerade in diesem Punkt die Stärken der Objektorientierung und Jini nutzen, um die Anwendung so dynamisch wie möglich zu gestalten. Der Programmierer soll bei einer späteren Erweiterung von weiteren Spielen eine generelle Schnittstelle oder eine Abstrakte Klasse zur Verfügung haben. Er muss den eigentlichen Programmcode nicht kennen. Eine große Anforderung in der Spielentwicklung liegt auch hier in der Datenhaltung bzw. im Spielstatus. Jedes Spiel besitzt einen Status des aktuellen Spielgeschehens. Dazu soll eine separate-Klasse entwickelt werden, welche bei Erzeugung eines neuen Spiels dynamisch instanziert werden muss. Dieses erzeugte Objekt soll den aktuellen Spielstatus repräsentieren und muss im Entry der Spieldaten *(s.h. Punkt 4.1)* abgespeichert werden, um jedem Spieler zur Verfügung zu stehen. Auch hier muss man sich eine generelle Schnittstelle oder Abstrakte Klasse überlegen, welche die Integration einfach macht.

Folgende generellen Anforderungen entstehen bei der Spielentwicklung:

- Entwicklung und Implementierung des Spiels
- Integrierbar durch generelle Schnittstellen oder Abstrakte Klasse
- Nutzbar durch dynamisches Klassenladen
- Entwicklung und Implementierung des Spielstatus
- Integrierbar durch generelle Schnittstellen oder Abstrakte Klasse
- Nutzbar durch dynamisches Klassenladen
- Entwicklung einer geeigneten Spieloberfläche

Spiel 100 Spezifikation

Als erstes soll ein Zahlenspiel entwickelt werden. Das Spiel ist für min. 2 bis max. 4 Spieler geeignet. Es wird der Reihe nach gespielt, beginnend mit Spieler eins. Derjenige Spieler, welcher gerade am Zug ist, setzt eine Zahl zwischen eins und neun. Danach ist der nächste am Zug. Die Zahlen werden solange miteinander addiert, bis einer der Spieler an der oberen Grenze 100 (einhundert) angelangt ist. Dieser Spieler hat das Spiel bei Erreichen der Grenze verloren. Alle anderen sind demzufolge Gewinner des Spiels.

Das Spiel soll über eine gut angeordnete Oberfläche verfügen und benötigt natürlich auch die Verbindung zu den einzelnen Diensten.

Die Oberfläche soll Informationen über den aktuellen Status liefern. Weiterhin muss hier die Synchronisations-Idee *(s.h. Punkt 2.3.3)* der JavaSpaces ausgenutzt werden, um eine Spieler-Abwechselung zu erreichen. Bei den Spielern die warten, soll die Oberfläche deaktiviert sein und erst aktiviert werden, wenn sie am Zug sind. Zu diesem Spiel soll eine Status-Klasse entworfen werden, welche eine Integerzahl repräsentiert.

TicTacToe Spezifikation

Als zweites soll das traditionelle TicTacToe Spiel entwickelt werden, um eventuelle Gemeinsamkeiten der Schnittstelle zu entdecken. Die Anforderungen liegen auch hier im Entwurf der geeigneten Oberfläche und Status-Klasse. Der Hauptunterschied liegt im Status des Spiels. TicTacToe ist bekanntlich ein Brettspiel, und stellt dementsprechend größere Anforderungen an den Status. Einen weiteren Aspekt in der Implementierung stellt hier der Unterschied der Spieleranzahl dar. Das Spiel kann nur mit zwei Spielern ausgetragen werden. Demzufolge besteht eine Anforderung darin, dass man die Spieleranzahl bei Erstellung nicht ändern kann. Ansonsten wird hier auf die generelle Anforderung im Punkt 3.3.6 verwiesen, welche auch hier gelten.

4 Entwurf

Der Entwurf beschreibt die konzeptionelle Vorgehensweise, welche zum Ziel führen soll. Die in den Anforderungen deutlich gemachten Kriterien werden hier realisiert.

4.1 Der Spieldaten-Entwurf

Aus denen im Punkt 3.3.1 gestellten Anforderungen, lässt sich nun das Entry aus Abbildung 4.1-1 kreieren.

```
┌─────────────────────────────────────┐
│           SpieldatenEntry            │
├─────────────────────────────────────┤
│ ◇<<Entry>> spID : Integer            │
│ ◇<<Entry>> spTickets : Vector        │
│ ◇<<Entry>> spStatus : SpielStatus    │
│ ◇<<Entry>> spIstDran : Integer       │
│ ◇<<Entry>> spName : String           │
│ ◇<<Entry>> spEnde : Boolean          │
│ ◇<<Entry>> spVoll : Boolean          │
│ ◇<<Entry>> spMax : Integer           │
├─────────────────────────────────────┤
│ ◆SpieldatenEntry()                   │
│ ◆SpieldatenEntry()                   │
│ ◆SpieldatenEntry()                   │
│ ◆SpieldatenEntry()                   │
│ ◆SpieldatenEntry()                   │
│ ◆SpieldatenEntry()                   │
│ ◆SpieldatenEntry()                   │
└─────────────────────────────────────┘
```

(Abbildung 4.1-1)

Neben den Attributen aus Punkt 3.3.1 benötigt diese Klasse eine Reihe von Konstruktoren, welche zu einem Template Request *(s.h. Anhang)* gebraucht werden. Konstruktor eins ist der Standard-Konstruktor.

Eine nähere Spezifikation der weiteren sechs Konstruktoren folgt im Verlauf des Entwurfs.

Da ein Entry die Schnittstelle ‚*Entry*' implementieren muss, um ein Entry zu sein *(s.h. Punkt 2.3.2)*, muss dies in Abbildung 4.1-2 ergänzt werden:

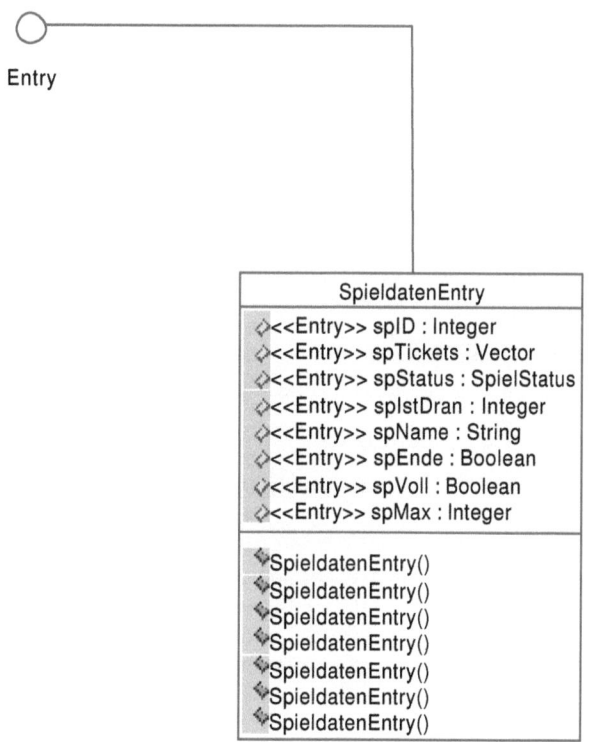

(Abbildung 4.1-2)

spID
- Ist dafür vorgesehen, jedem Objekt eine eindeutige Kennung zu geben.

spTickets
- Soll ‚Spielernummern' dynamisch in einem Vector beinhalten

spStatus
- Repräsentiert den Status des jeweiligen Spieltyps

spIstDran
- Speichert die Nummer des Spielers, der am Zug ist (im Spielablauf benötigt)

spName
- Speichert den Spielnamen

spEnde
- Speichert Zustand (true = läuft, false = beendet)

spVoll
- Speichert ebenfalls einen Zustand (true = voll, false = nicht voll)

spMax
- Die Maximale Anzahl der zugelassenen Spieler zu einem Spieltyp

Um den Punkt der dynamischen Vergabe der Spielernummern aus den Anforderungen realisieren zu können, wird ein ‚*Vector*' im Entry gespeichert.
Dieser Vector soll eine Art ‚Ticketpool' darstellen, in dem die einzelnen Nummern zu dem dazugehörigen Spieltyp liegen.

4.2 Auffinden der Dienste

Um die Dienste einer Jini-Gemeinschaft zu finden oder neue bekannt zu machen, werden die Klassen ,*ServiceFinder*' und ,*ServiceFinderListener*' benutzt.
An diesem Punkt wird auf die Literatur von OReilly „*Jini in a nutshell*' Beispiel 4-1 verwiesen. Im folgendem werden die Klassen nur kurz vorgestellt!

(Quelle: OReilly & Verteilte Systeme Prof. Dr. Oechsle)

4.2.1 Die Klasse ,*ServiceFinder*'

Diese Klasse in Abbildung 4.2-1 übernimmt, wie der Name schon sagt, die Auffindung und Verwaltung der registrierten Remote-Services.

Klasse ServiceFinder:

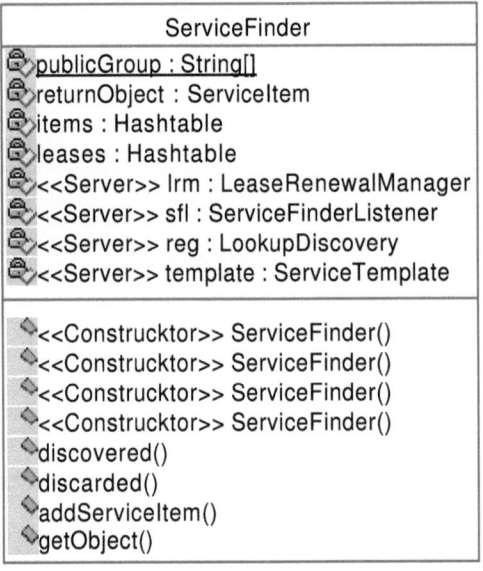

(Abbildung 4.2-1)

Die Klasse enthält vier verschiedene Konstruktoren zum Auffinden der verschiedenen Dienste. Methode ,*discovered()*' wird automatisch aufgerufen, wenn ein Lookup-Service gefunden wurde. Hier werden die Referenzen zu den passenden Services gelegt. ,*Discarded()*' wird automatisch aufgerufen, wenn ein Lookup-Service einen Error meldet. Es werden alle Referenzen aus der Hashtable dynamisch gelöscht und die Leases zu den Services werden abgebrochen. Methode ,*addServiceItem()*' fügt einen neuen ,Service' hinzu und gibt ihm eine eindeutige ID. ,*GetObject()*' wird ausschließlich vom Client genutzt. Es wird das erste Service-Objekt zurückgegeben, welches zu dem Template-Request passt.

4.2.2 Die Klasse „*ServiceFinderListener*'

Bekommt eine Referenz auf ein „*ServiceFinder*'-Objekt.
Sie hat genau einen Konstruktor, welcher die Referenz in der Variablen „*parent*'
ablegt *(s.h. Abb. 4.2-2)*.

Klasse ServiceFinderListener:

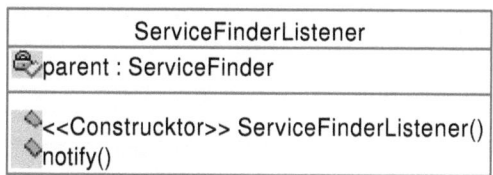

(Abbildung 4.2-2)

Methode „*notify()*' bekommt als Argument ein RemoteEvent übergeben. Es wird
als erstes geprüft, ob es sich beim empfangenen Event um ein
'*net.jini.core.lookup.ServiceEvent*' handelt. Ist dies der Fall, wird das
ServiceItem mit der Methode „*addServiceItem()*' dem Objekt vom Typ
„*ServiceFinder*' übergeben. Es gibt folgende Arten von ServiceItems:

? TRANSITION_NOMATCH_MATCH: Dieser Status zeigt an, dass ein neuer
Service, welcher die gewünschten Eigenschaften hat, gestartet wurde.

? TRANSITION_MATCH_NOMATCH: Bei einem Ereignis dieser Art wurde
entweder ein Service entfernt, oder ein Service hat seine Attribute geändert und
erfüllt die Anforderungen, die im ServiceTemplate definiert wurden, nicht mehr.

? TRANSITION_MATCH_MATCH: Ein Service hat zwar seine Attribute
geändert, erfüllt die Anforderungen aber immer noch.

4.2.3 Klassendiagramm des ServiceFinder

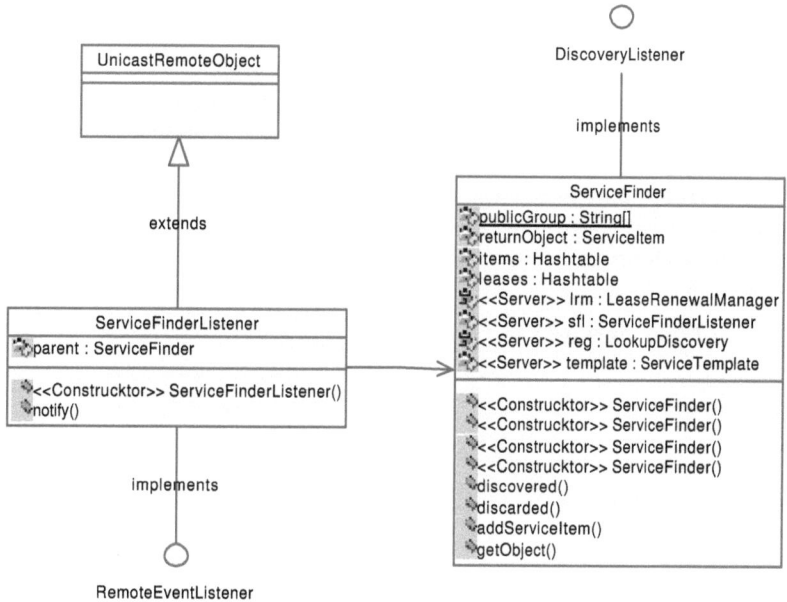

(Abbildung 4.2-3)

Dieses System soll losgelöst vom Übrigen gesehen werden, da jede Klasse den
„*ServiceFinder*' nutzt, um an die passenden Dienste zu gelangen.

4.3 Die Initialisierung des JavaSpace-Servers

Hier soll zunächst der Fokus auf die Initialisierung des JSS gesetzt werden. Dieser Abschnitt wird sich mit der Erzeugung der Spiel-ID und der Spieltypen beschäftigen, um die angesprochenen Probleme auf der Synchronisationsebene zu vermeiden. Darunter ist zu verstehen, dass genau **einer** für die Initialisierung verantwortlich ist, um eine Mehrfachinitialisierung zu vermeiden. Abbildung 4.3 soll dies verdeutlichen.

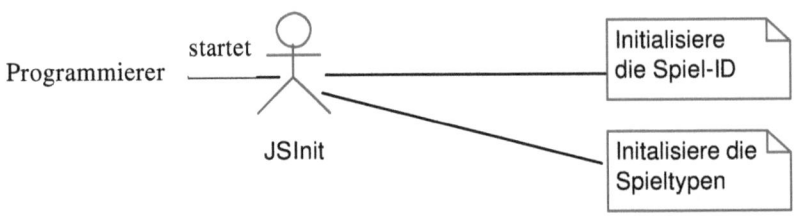

(Abbildung 4.3)

4.3.1 Die Klasse „*JSInit*"

Die Klasse in Abbildung 4.3-1 wird einzig und allein zur oben angesprochenen Initialisierung implementiert. Sie ist von den anderen Klassen so gut wie unabhängig und kann von einer beliebigen Stelle aus einer Jini-Gemeinschaft ausgeführt werden. Neben dem Standard-Konstruktor beinhaltet diese Klasse eine Methode „*makeIni()*", welche die Initialisierung bewerkstelligt.
Im Entferntesten Sinne kann man diese Klasse auch als eine Art „Server" verstehen, der die Verfügbarkeit der ID und Spieltypen überwacht.
„*JSInit*" nutzt, neben dem gebrauchten „*ServicesFinder*" (*s.h. Punkt 4.2.1*), zur ID und Spieltyp Erzeugung, Objekte der Klasse „*ID- und Spieltyp-Entry*"
(*s.h. Abb. 4.3-2 & 4.3-3*).

Klasse JSinit:

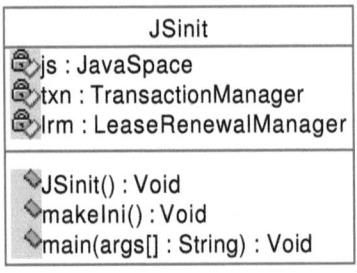

(Abbildung 4.3-1)

4.3.2 Anlegen der Spiel-ID

Die Spiel-ID, im folgendem nur noch „*spID*' genannt, dient zur Identifizierung der einzelnen Spielobjekte im JavaSpace-Raum. Beginnt bei eins und wird bei jedem neu erzeugten Spiel um eins erhöht. Somit ist die Unterscheidung der einzelnen Objekte gewährleistet. Da die gesamte Kommunikation über die JS-Plattform geschieht und die Initialisierung unabhängig sein soll, wird für die „*spID*' ein separates-Entry geschrieben *(s.h. Abb. 4.3-2)*.

Entry der SpielID:

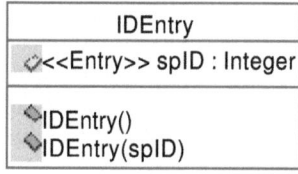

(Abbildung 4.3-2)

Dieses Entry repräsentiert eine Integerzahl und beinhaltet genau zwei Konstruktoren. Der erste Konstruktor dient zum Auffinden einer ID, der zweite Konstruktor legt ein ID Objekt an und bekommt als Argument den Wert. Der letztere der genannten Konstruktoren ist für die Erzeugung relevant und wird in der „*JSInit*' Klasse verwendet.

4.3.3 Anlegen der Spieltypen

So wie die „*spID*' müssen auch die Spieltypen als Objekte auf dem JavaSpace-Server gespeichert werden *(s.h. Punkt 3.3.3)*. Dies muss auch in der Initialisierung erfolgen, um später einen neuen Spieltyp in die Anwendung integrieren zu können. Sollte der Spielentwickler nun ein neues Spiel entwerfen, muss er die Klasse „*JSInit*' und den JSS aktualisieren.

Das Entry in Abbildung 4.3-3 soll den Spielnamen, Spieleranzahl, Spielnummer und einen Wahrheitswert speichern, der angibt, ob dieser Spieltyp einen „fixed-Wert' für die Anzahl hat (true) oder nicht (false). Die Spieltypnummer soll eine eindeutige Zahl beginnend bei eins sein.

Entry der Spieltypen:

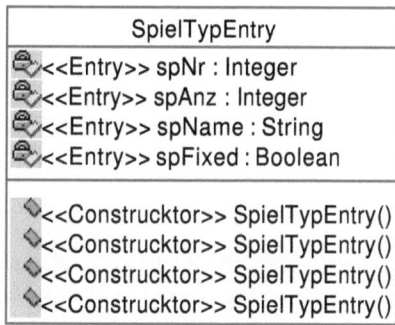

(Abbildung 4.3-3)

Das Entry enthält vier Konstruktoren. Der erste ist der Standard-Konstruktor. Wird ein Objekt mit dem zweiten Konstruktor erzeugt, kann man mit diesem ein Template Request kreieren und mit der im Argument angegebenen Spielnummer gezielt nach einem solchen Objekt suchen, um dies aus dem JS-Raum heraus zu holen oder zu lesen.

Der dritte Konstruktor bekommt den Spielnamen übergeben und beschafft, wie auch Konstruktor zwei, das passende Objekt.

Konstruktor Nummer vier ist zur Erzeugung eines neuen Spieltyps zuständig, und bekommt als Parameter alle genannten Attribute aus Anforderung 3.3.3, die ein neuer Spieltyp benötigt. Dieses neue Objekt wird dann im JS-Raum mit der Methode „write()' gespeichert.

4.3.4 Klassendiagramm der JS-Initialisierung

Die Vereinigung von Abbildung 4.1-1 mit dem bisher genannten Entwurf 4.3, wird in Abbildung 4.3-4 gezeigt.

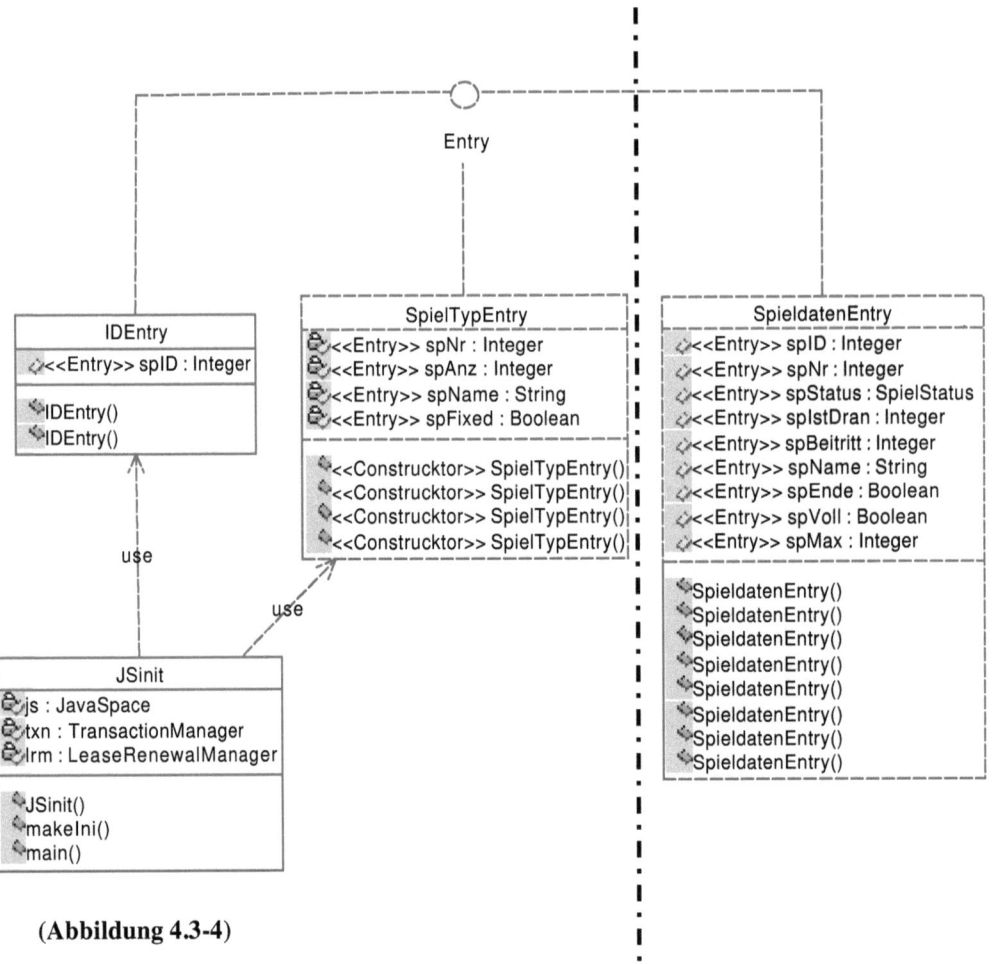

(Abbildung 4.3-4)

Die Klasse „*JSinit*' erzeugt Objekte der Klassen „*IDEntry*' und „*SpielTypEntry*' Beide Entries müssen das „*marker Interface*' Entry implementieren.

4.3.5 Ablauf der JS-Initialisierung

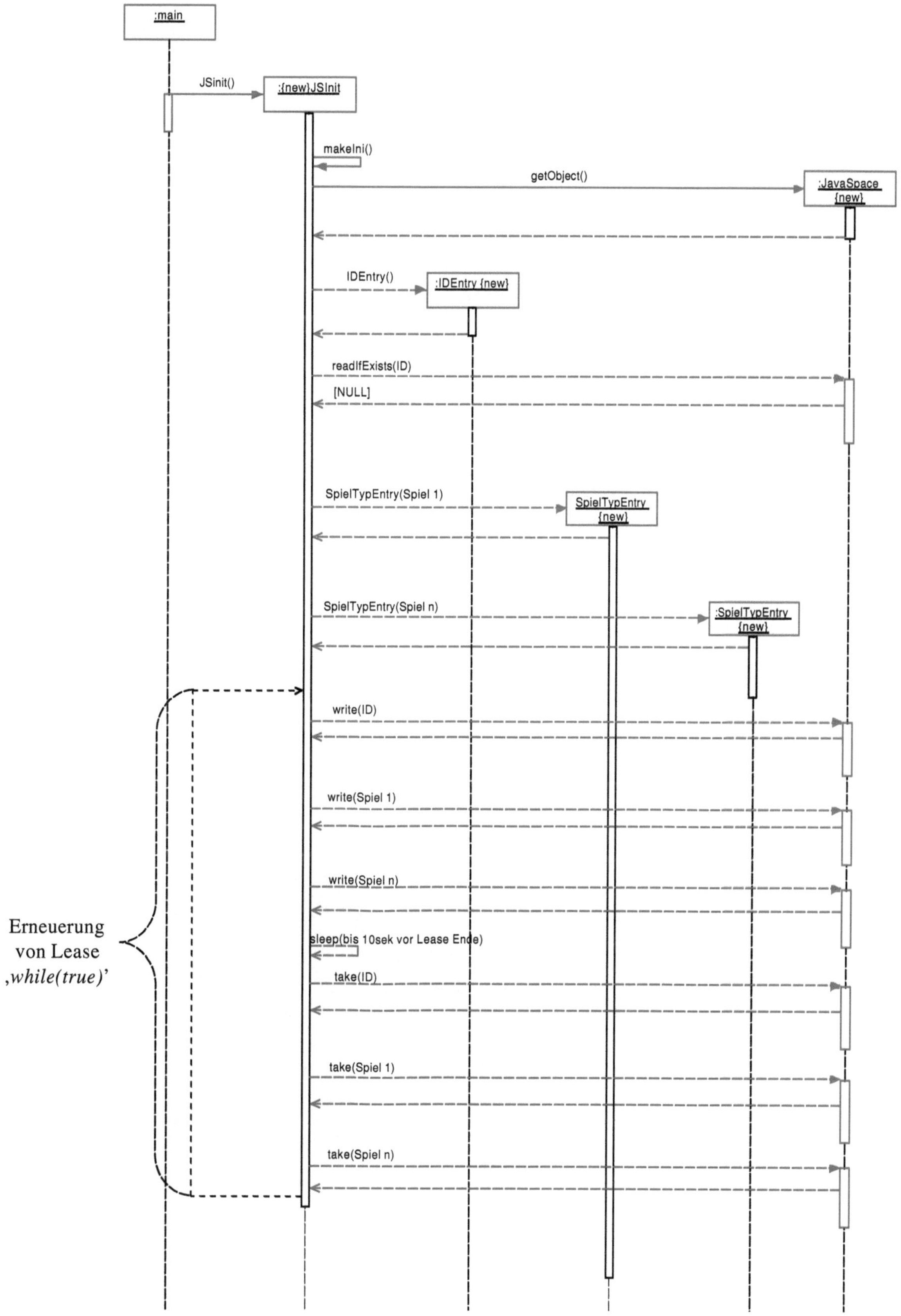

(Abbildung 4.3-5)

Im Sequenzdiagramm wird bei Ausführung der ‚*Main()*'
Methode ein Objekt der Klasse „*JSinit*' erzeugt. Mit diesem Objekt wird
die Methode ‚*makeIni()*' aufgerufen. ‚*MakeIni()*' beschafft sich im ersten Schritt
die benötigten Referenzen zu den Jini-Diensten. Aus Platzgründen wurde hier
auf die Referenz des ‚*TransactionManageres*' und des
‚*LeaseRenewalManagers*' verzichtet. Im nächsten Schritt wird eine Template-
ID erzeugt, mit der auf dem JavaSpace-Server nachgeschaut wird, ob es schon
eine ID gibt. Dazu dient die Methode ‚*readIfExsits()*', welche das Template
bekommt und null zurückgibt, wenn es noch kein Objekt dieser Art gibt. Gibt es
ein solches Objekt bereits, wird an dieser Stelle abgebrochen. Anderenfalls
werden nun die Spieltypen erzeugt. Für jedes Spiel wird ein separates Objekt
Instanziert. Dies erfolgt mit denen in Punkt 4.3.3 angegebenen Parametern. Sind
alle Objekte erzeugt, läuft der Prozess in eine endlose ‚*while*-Schleife' hinein.
In dieser ‚*while*-Schleife' werden die Objekte mit einer Lease-Zeit von 10
Minuten in den JavaSpace-Raum geschrieben *(s.h. Abb. 4.3-6)*. Der Prozess wird
dann solange schlafen gelegt, bis die Lease-Zeit kurz vor ihrem Ablauf ist. Die
Objekte werden dann mit ‚*take()*' genommen und sofort mit einer aktuellen
Lease-Zeit zurück geschrieben. Mit diesem Mechanismus ist eine Überwachung
der ID und Spieltypen gewährleistet.

Wird der JSInit-Server beendet verfällt die Lease-Zeit, die Objekte werden
gelöscht, und die Clients bekommen eine Nachricht gesendet, dass der
Initialisierungs-Server nicht verfügbar ist.

Nach erfolgreicher Initialisierung:

```
ID und Spieltypen wurde in den JavaSpace-Raum gelegt!!
Lease Zeit   :  599770 msec
Schlaf Zeit  :  591770 msec
Schlafe.........
Lease wurde erneuert!!
Lease Zeit   :  599589 msec
Schlaf Zeit  :  591589 msec
Schlafe.........
Lease wurde erneuert!!
Lease Zeit   :  599820 msec
Schlaf Zeit  :  591820 msec
Schlafe.........
Lease wurde erneuert!!
Lease Zeit   :  599840 msec
Schlaf Zeit  :  591840 msec
Schlafe.........
Lease wurde erneuert!!
Lease Zeit   :  599840 msec
Schlaf Zeit  :  591840 msec
Schlafe.........
Lease wurde erneuert!!
Lease Zeit   :  599860 msec
Schlaf Zeit  :  591860 msec
Schlafe.........
Lease wurde erneuert!!
```

(Abbildung 4.3-6)

4.4 Entwurf der Benutzerschnittstelle

Im Folgenden wird nur auf die GUI-Schicht des Programms eingegangen. Die GUI der Spiele werden später erläutert.

4.4.1 Die Client-Oberfläche

Laut Anforderungen soll die Oberfläche folgende Elemente haben:
- o Ein Spiel erstellen ‚Erstellen-Button'
- o Einem vorhandenen Spiel beitreten ‚Beitreten-Button'
- o Ein laufendes Spiel beobachten ‚Beobachten-Button'
- o Den Client beenden ‚Ende-Button'
- o Eine Liste der aktuellen Spiele
- o Die Liste manuell aktualisieren ‚Aktualisieren-Button'

Für diese Oberfläche wird die Klasse ‚**SpielClient'**, in Abbildung 4.4-1 entworfen. ‚**SpielClient'** soll die Oberfläche erzeugen und auch als ‚Start-Klasse' dienen, in der die ‚*Main()*' Methode deklariert ist.

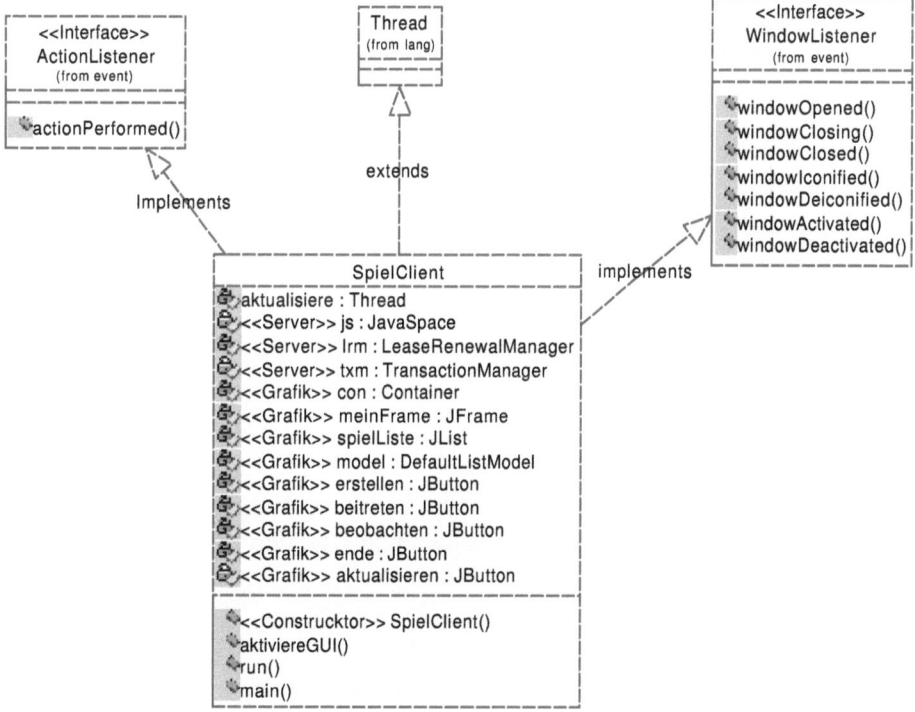

(Abbildung 4.4-1)

Hier wurden nun alle Elemente laut Anforderung angelegt und mit <<Grafik>> gekennzeichnet. Als weitere Attribute werden auch die einzelnen Server-Dienste benötigt, welche mit <<Server>> gekennzeichnet sind.

Die Liste der angebotenen Spiele soll in einem extra Thread automatisch aktuell gehalten werden! Dazu wurde der Thread ‚*aktualisiere*' angelegt. ‚*SpielClient*' wird von ‚***Thread***' abgeleitet. Der Konstruktor bekommt nun die Aufgabe, die Oberfläche zu erzeugen. Er erstellt ein neues „***JFrame***' Objekt und ordnet die Elemente darauf an. Um den Elementen einschließlich der Oberfläche nun Events zu zuweisen, implementiert die Klasse ‚*SpielClient*' die Schnittstellen ‚*ActionListener*' und ‚***WindowListener***'.

In der ‚*Main( )*' Methode wird dementsprechend ein neues ‚***SpielClient***' Objekt erzeugt. Die Oberfläche aus Abbildung 4.4-2 wurde somit erstellt:

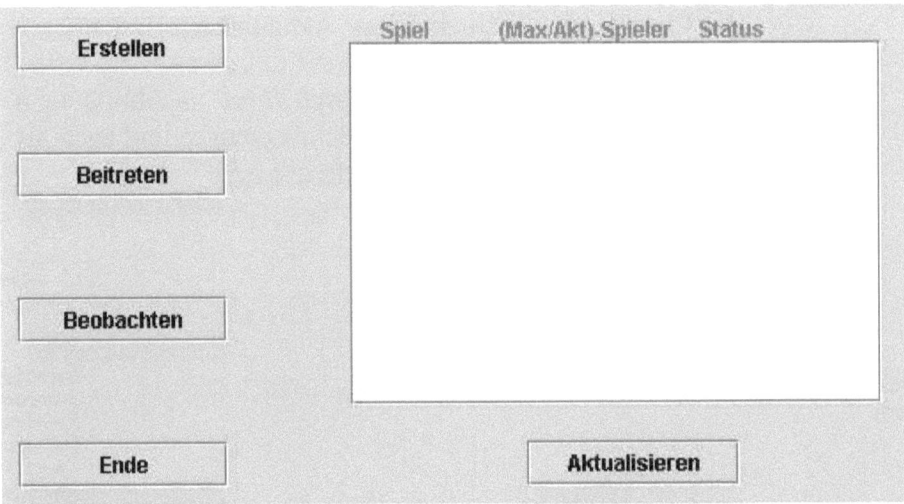

(Abbildung 4.4-2)

Ruft man die Methode ‚*aktiviereGui( )*' auf, sollen die Buttons laut Anforderung deaktiviert oder aktiviert werden können. Dazu bekommt die Methode einen Wahrheitswert übergeben (true oder false). Diese Lösung ist eleganter als die GUI mit ‚*dispose( )*' zu deaktivieren. Zum einen hat ‚*aktiviereGui( )*' den Vorteil, dass das Windows Kreuz aktiv bleibt, und zum anderen hat man die Möglichkeit gewisse Buttons aktiv zu lassen wie z.B. den ‚Aktualisieren-Button'.

4.4.2 Die Oberfläche der Spielerstellung
Als nächstes soll eine Oberfläche vorhanden sein, auf der man spielspezifische Daten wählen kann. Um eine unübersichtliche Verschachtelung des Quellcodes zu vermeiden, wurde Klasse in Abbildung 4.4-3 entworfen. Dies soll auch den Vorteil haben, die Hauptoberfläche von der Erstellungs-Oberfläche zu trennen und den Aufbau dadurch modularer zu gestalten, um eine spätere Erweiterung oder Änderung einfacher zu gestalten.

Folgende Elemente sollen laut Anforderung vorhanden sein:

- o Auswahl eines Spieltyps
- o Auswahl der zugehörigen Spieleranzahl
- o Button zur Spielerstellung
- o Button um wieder zurück zu kommen

ErstellenGUI

<<Grafik>> spieleCom : JComboBox
<<Grafik>> anzCom : JComboBox
<<Grafik>> erstellen : JDialog
<<Grafik>> spErstellen : JButton
<<Grafik>> zurueck : JButton
client : SpielClient

<<Construcktor>> ErstellenGUI()

(Abbildung 4.4-3)

Neben den benötigten Elementen wird in der Klasse *‚ErstellenGUI'* ein
Konstruktor definiert, welcher für die Anordnung der Elemente und die
Verteilung der Events zuständig ist. Diese Oberfläche wird daher auch die
Schnittstellen *‚ActionListener' & ‚WindowListener'* implementieren.
Um die Hauptoberfläche wie gefordert zu aktivieren oder deaktivieren, wird eine
Referenz auf diese benötigt. Diese Referenz wird bei der Erzeugung eines neuen
‚ErstellenGUI' Objekts im Konstruktor übergeben und in der Variablen *‚client'*
gespeichert. Somit wird der Zugriff auf die Methode *‚aktiviereGUI()'* der Klasse
‚SpielClient' gesichert.
Abbildung 4.4-4 zeigt die daraus entstandene Klassenkonstellation:

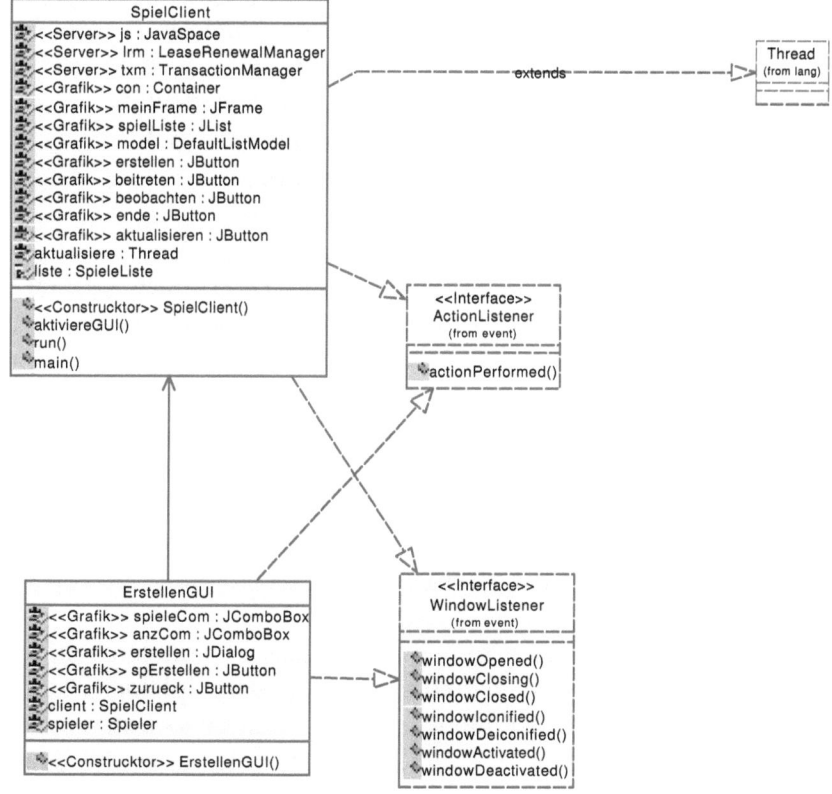

(Abbildung 4.4-4)

Wird auf der Hauptoberfläche nun der Button ‚Erstellen' betätigt, passiert folgendes:
- *‚ActionEvent'* wird ausgelöst und Methode *‚ActionPerformed()'* wird gerufen
- Ein neues *‚ErstellenGUI'* Objekt wird erzeugt
- bekommt Referenz auf das *‚SpielClient'* Objekt mit *‚new ErstellenGUI(this);'*
- Somit hat man Zugriff auf Methode *‚aktiviereGUI()'* der Klasse *‚SpielClient'*

Die Oberfläche aus Abbildung 4.4-5 ist somit Entstanden:

Bitte die Spieldaten angeben!

Spieltyp
Spiel100 ▼

Anzahl Spieler
2 ▼

Spiel erstellen   Zurück

(Abbildung 4.4-5)

Die Buttons der Hauptoberfläche sind bei der Erstellung deaktiviert und werden bei Betätigen des ‚Zurück-Buttons' wieder aktiviert.

4.5   Entwurf der Funktionalität

Hier soll nun **eines** der so genannten ‚Herzstücke' der Anwendung entwickelt werden. Die im Punkt 3.3.5 dargelegten Funktionen, die ein Spieler bereitgestellt bekommt, sollen nun realisiert werden. Dazu soll die Klasse ‚*Spieler'* dienen. Die Hauptüberlegung hierbei ist, eine Klasse zu entwerfen, welche die Funktionalität bzw. die Methoden der gerade entwickelten Oberfläche bereitstellt.
Dies wird in der Literatur auch als die ‚**Fachkonzeptschicht'** bezeichnet, die unterhalb der ‚**GUI-Schicht'** zum Tragen kommt.

Ein Spieler soll ein Spiel erstellen können!
Dazu muss ein neues Spieldaten-Objekt *(s.h. Punkt 4.1)* kreiert werden. Um diesem Objekt die Initialisierungsdaten zu übergeben, müssen alle Parameter, die zur Erzeugung gebraucht werden, im Konstruktor als Argument übergeben werden. In Abbildung 4.5-1 wurden diese mit <<Entry>> gekennzeichnet. Einige dieser Attribute kann man mit ‚*default'*-Werten versehen. So kann man die Variable ‚*spIstDran'*, welche für den Abwechselungsmechanismus der Spieler im Spiel verantwortlich ist, mit dem Wert eins versehen, da laut Restriktion der Spieler mit der Nummer eins das Spiel auch eröffnet. Ebenso kann man sagen, dass ein gerade angelegtes Spiel noch nicht begonnen hat (*spEnde = false*) und noch nicht voll ist (*spVoll = false*).

Aber nicht nur bei der Spielerstellung werden diese Variablen benötigt, auch die ‚*Beitritt'* oder die ‚*Verlassen'* Funktion muss auf dem Spieldatenobjekt arbeiten um Werte zu verändern. Demnach brauchen auch sie diese <<Entry>> Attribute. Dies ist ein Grund dafür, dass sie hier als ‚Instanzvariable' deklariert werden und nicht ‚lokal' in der Methode selber. So kann jede Funktion die Daten nutzen.

Wie schon im Entwurf der Oberfläche werden auch hier wieder die einzelnen Verbindungen zu den Jini-Diensten benötigt. Sie werden aus dem oben genannten Grund in Abbildung 4.5-1 als Instanzvariable deklariert und sind mit <<Server>> gekennzeichnet.

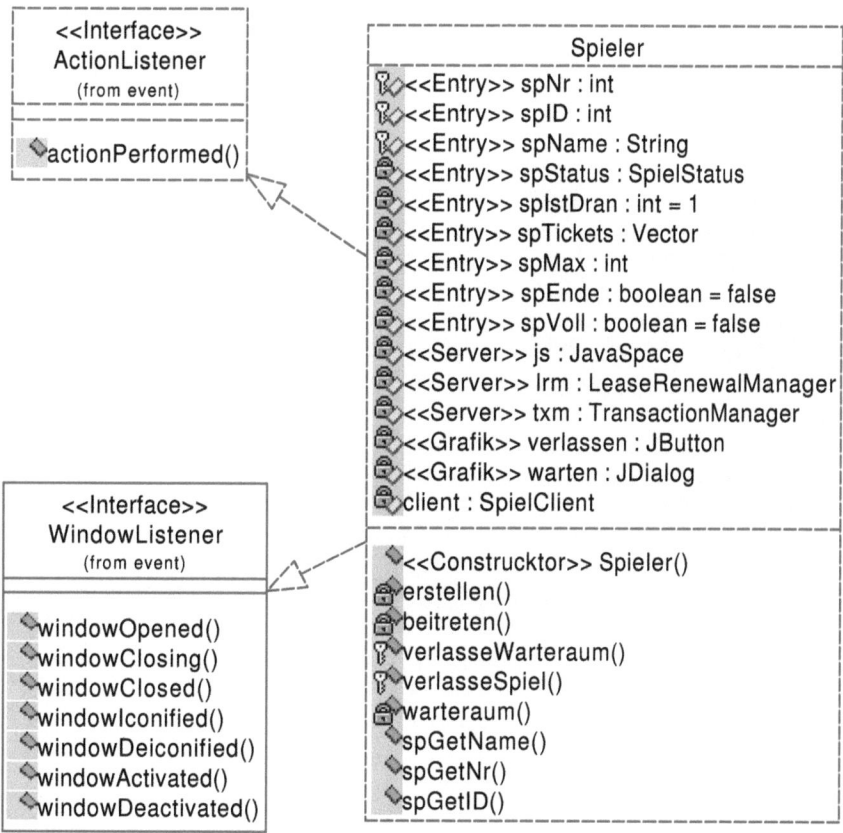

(Abbildung 4.5-1)

Um den Warteraum aus Punkt 3.3.4 darstellen zu können, benötigt man noch diverse grafische Attribute, mit denen man die Oberfläche kreiert. Diese Oberfläche wird in der Methode ,*warteraum()*' der Klasse ,***Spieler***' erzeugt. Um der Oberfläche nun Events zuzuweisen, muss die Klasse ,***Spieler***' die Schnittstellen ,***ActionListener***' und ,***WindowsListener***' implementieren.

Ebenso wie in Punkt 4.4.2 angesprochen, muss auch bei Betreten des Warteraums die Hauptoberfläche deaktiviert werden. Dazu benötigt die Klasse ,***Spieler***', wie die Klasse ,***ErstellenGUI***', eine Referenz auf die Benutzerschnittstelle, um die Methode ,*aktiviereGui()*' auszuführen. Diese wird auch hier wieder über den Konstruktor erledigt um die Referenz in der Variablen ,*client*' abzulegen. Der Konstruktor hat weiterhin die Aufgabe, die Referenzen auf die Jini-Dienste zu besorgen und diese in denen dafür vorgesehenen Variablen zu speichern.

Die Abbildung 4.5-2 soll die Zusammenhänge weiter verdeutlichen.

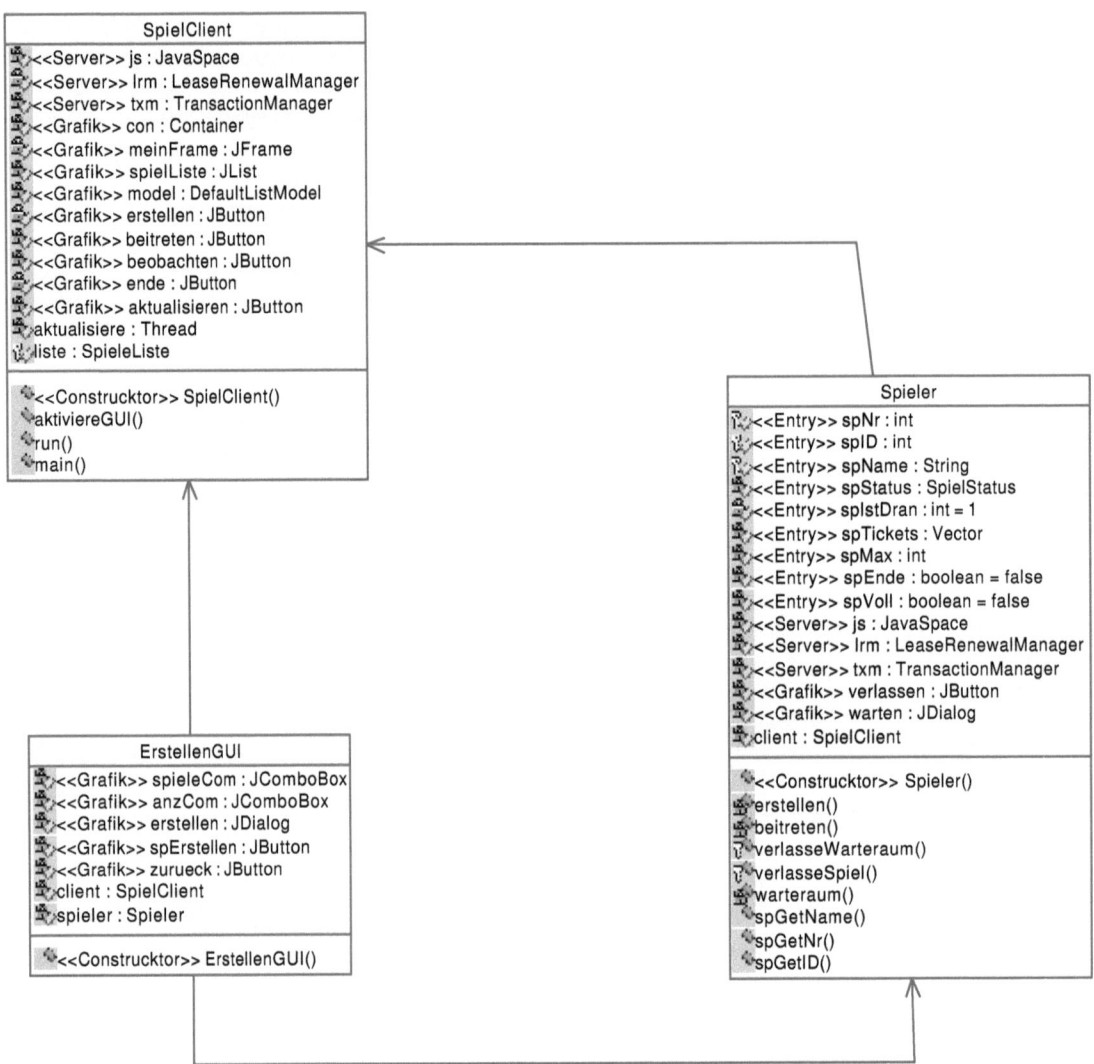

(Abbildung 4.5-2)

Zusammengefasst besteht nun folgende Beziehung zwischen den Klassen:

- ✍ ‚*Main()*' Methode erzeugt ein ‚*SpielClient*' Objekt
- ✍ Konstruktor ‚*SpielClient*' erzeugt einen neuen ‚*Spieler*'
- ✍ ‚*Spieler*' bekommt eine Referenz auf ‚*SpielClient*' Objekt

4.5.1 Die Spielerstellung

Zur Spielerstellung dient die Methode ‚*erstellen()*', welche als Argument die maximale Anzahl der Spieler und den Spielernamen bekommt. Die Daten werden von der Klasse ‚***ErstellenGUI*** *(s.h. Punkt 4.4.2)*, welche die Eingabemaske der Daten repräsentiert, geliefert. Aus diesem Grund bekommt die Klasse ‚***ErstellenGUI*** auch eine Referenz auf einen ‚***Spieler***', um dessen Methode nutzen zu können *(s.h. Abb. 4.5-2)*.

Betätigt man nun den Button zur Erstellung, wird in der Klasse ‚***SpielClient***' ein neues ‚***ErstellenGUI*** Objekt erzeugt. Wie aus Abbildung 4.5-2 hervorgeht, bekommt der dafür vorgesehene Konstruktor einen Spieler und die Benutzerschnittstelle als Referenz übergeben.

   ✍ SpielClient legt neues ErstellenGUI Objekt an
   ✍ ErstellenGUI bekommt Referenz auf einen Spieler und ‚dieses' Objekt

Aus diesem Grund erweitert sich die Klasse ‚***ErstellenGUI*** um die Variable ‚*spieler*', welche die Referenz zu diesem beinhaltet. In Abbildung 4.5-3 wird der eigentliche Ablauf der Erstellung mit Hilfe eines Sequenzdiagramms beschrieben.

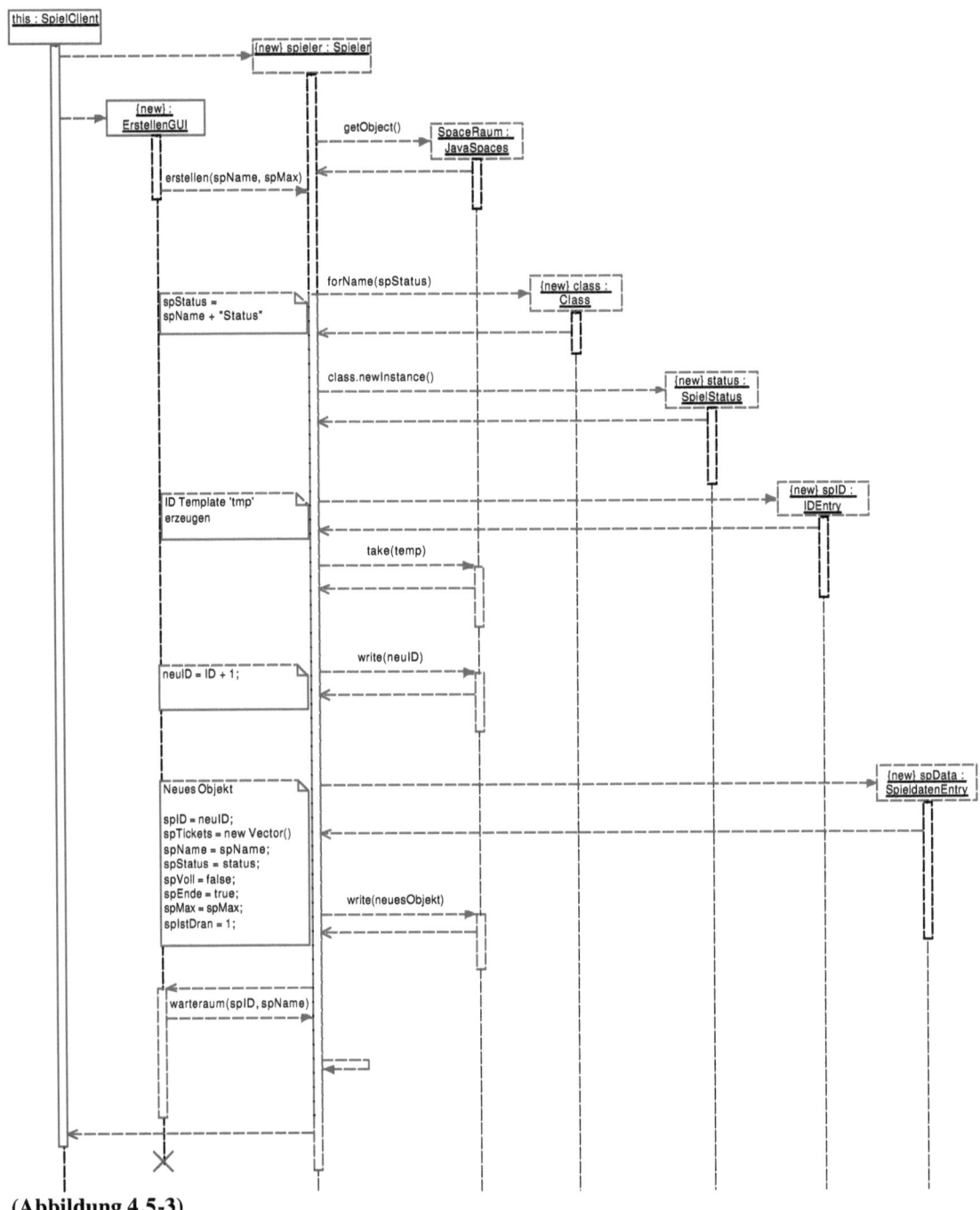

(Abbildung 4.5-3)

Einstiegspunkt ist hier die Klasse ‚*SpielClient'* *(s.h. Punkt 4.4.1)*, die in ihrer ‚*Main()'* Methode, wie schon oben beschrieben, einen neuen Spieler erzeugt und welche bei Betätigung des ‚Erstellen-Button', ein neues ErstellenGUI Objekt kreiert. Auf dieser Oberfläche soll man laut Anforderung den Spieltyp mit der zugehörigen Spieleranzahl auswählen. Durch einen weiteren ‚Klick' auf den Button ‚Spiel erstellen' auf dieser GUI, wird die Methode ‚*erstellen()'* der Klasse ‚*Spieler'* aufgerufen. Wie bereits erwähnt wurde, beschafft der Konstruktor dieser Klasse die Referenz auf den JavaSpace-Server und nicht die ‚*erstellen()'* Methode.

Als erstes kommt die Dynamik der Objekterzeugung zum Tragen.
Die Methode ‚forName()' bekommt als Argument einen String. Dieser String
repräsentiert den Namen der Klasse, die instanziert werden soll. Mit diesem
Namen erzeugt ‚forName()' nun ein Objekt. Mit Hilfe dieses Objekts kann man
die Methode ‚newInstance()' aufrufen, welche die dynamische Erzeugung des
benötigten Status-Objekts übernimmt. Das empfangene Status-Objekt wird in
dem Attribut ‚spStatus' gespeichert. Der Name der Statusklasse wird
beschrieben durch den angegebenen Spielnamen und dem Zusatz ‚Status'. An
dieser Stelle ist die Java-Eigenschaft des Polymorphismus sehr deutlich zu
erkennen.

Der ‚**Polymorphismus**' ermöglicht es, den gleichen Namen für gleichartige
Operationen zu verwenden, die auf Objekten verschiedener Klassen auszuführen
sind. Der Sender muss nur wissen, dass ein Empfängerobjekt das gewünschte
Verhalten besitzt. Er muss nicht wissen, zu welcher Klasse das Objekt gehört.
(Definition Heide Balzert S. 256)

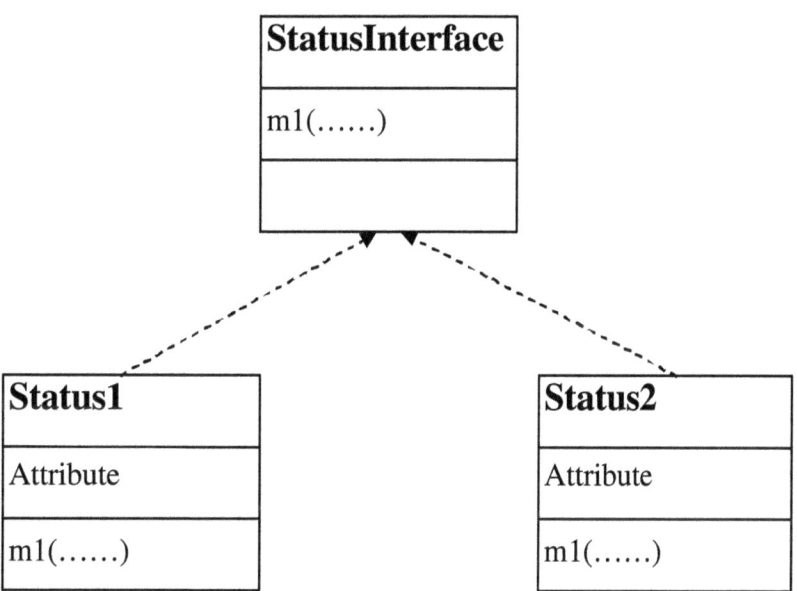

(Abbildung 4.5-4)

Wie Abbildung 4.5-4 zeigt, wird erst zur Laufzeit des Programms bestimmt, ob
der Zeiger ‚pSpiel' auf ein ‚Status1' oder ein ‚Status2' Objekt zeigt. Man spricht
daher von später oder dynamischer Bindung.

Im nächsten Schritt wird mit Hilfe eines Template Request die aktuelle ID aus dem JS-Raum besorgt. Diese wird um den Wert eins erhöht, in die Variable ‚spID' gespeichert und wieder zurück geschrieben. Um die Spielernummern zu speichern, wird ein neuer Vector angelegt, der die einzelnen Spielernummern als Integer-Wert bereitstellt. Der Initiator bekommt laut Restriktion immer die Spielernummer eins zugewiesen. Also werden in diesem Vector Spielernummern von 2.....'spMax' abgelegt.
Nun sind alle benötigten Daten zur Erzeugung eines neuen Spieldaten-Objekts **(s.h. Punkte 4.1 & 3.3.1)** vorhanden.

Zur Erzeugung dient einer der Konstruktoren aus Punkt 4.1:

new SpieldatenEntry(spID, spTickets, spName, spStatus, spVoll, spEnde, spMax, spIstDran)

Nachdem dieses Objekt angelegt und in den JavaSpace Raum geschrieben wurde, kehrt die Methode ‚*erstellen()*' wieder zurück und ruft im Anschluss die Methode ‚*warteraum()*' der Klasse ***‚Spieler'*** auf.
Die nähere Beschreibung des Warteraums ist unter dem Punkt 4.5.3 & 5.1.3 nachzuschlagen.

4.5.2 Der Spielbeitritt

Wie bereits mehrmals erwähnt wurde, müssen die angebotenen Spiele in einer Liste jedem Client zur Verfügung stehen. Wie das geschieht, ist im Entwurf der ‚Spielliste' im Punkt 4.6 näher erklärt.

Im Folgenden nehmen wir an:
Das Spiel wird korrekt dargestellt und kann zur Auswahl selektiert werden!

Das Betätigen des ‚Beitreten-Button', löst ein ‚***ActionEvent'*** aus, welches die dazu passende Methode aufruft. In Abbildung 4.5-5 wird dieser Vorgang durch ein Sequenzdiagramm verdeutlicht.

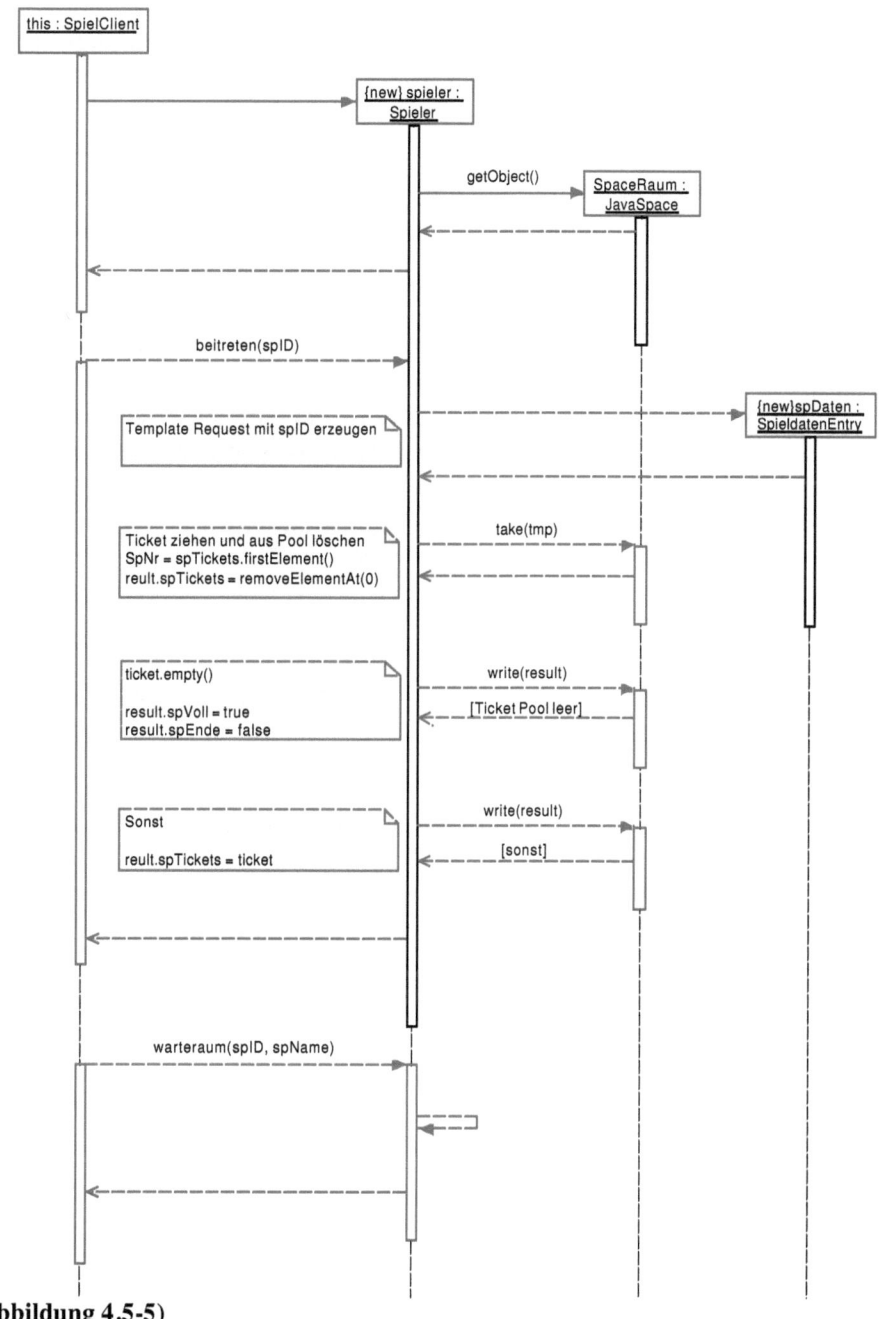

(Abbildung 4.5-5)

Beim Beitritt werden Änderungen an dem zuvor in den JavaSpace-Raum geschriebenen Objekt getätigt. Der obere Teil ist analog zur Erstellung zu sehen. Hier wird auch nach dem starten des Clients ein Spielerobjekt kreiert, mit dem man Zugriff auf die Methoden des Spielers bekommt. Löst man nun auf der Client-Oberfläche den ‚Beitreten-Button' aus, wird die Methode ‚*beitreten()*' der Klasse ‚**Spieler**' gerufen. Als Argument bekommt diese die ‚*spID',* um gezielt nach dem dazu passenden Objekt suchen zu können.

Hier kommt der nächste der Konstruktoren aus Abbildung 4.1 ins Spiel:

SpieldatenEntry template = new SpieldatenEntry(spID)

Mit der ‚*take()*' Methode wird das Objekt, das den Template Anforderungen entspricht nun aus dem JavaSpace-Raum genommen, um Veränderungen daran vorzunehmen. Als erstes wird dem Spieler die neue Spielernummer zugeteilt. Hierzu wird ein ‚*Vector*' verwendet, welcher die Tickets speichert. Hat der Spieler seine Spielernummer aus dem ‚Ticket-Pool' gezogen, löscht er diese Nummer sofort, damit sie kein weiterer Spieler ziehen kann.
Ist der Ticketvorrat ausgeschöpft, wird das Spiel als ‚voll' gekennzeichnet und kann daraufhin gestartet werden.

4.5.3 Der Warteraum

Der Warteraum dient als Sammelplatz der Spieler. Hier bekommt man auch die Möglichkeit, ein Spiel wieder verlassen zu können. Der Warteraum hat eine wichtige Rolle in der Klasse ‚*Spieler*'.
Hier wird solange auf ein bestimmtes Spiel gewartet, welches als ‚**voll**' und ‚**nicht beendet**' deklariert ist.

Dazu kommt der vierte Konstruktor aus Punkt 4.1 zum Einsatz:

SpieldatenEntry template =new SpieldatenEntry(spID, spEnde, spVoll)

Wie in der Abbildung 4.5-5 zu sehen ist, kennzeichnet der ‚letzte Spieler' das Objekt mit ‚*spEnde = false*' und ‚*spVoll = true*'.

Wurde nun ein solches Objekt in den JS-Raum geschrieben, wird die ‚*read()*' Blockade verlassen und das Spiel anhand des Spielnamens dynamisch erstellt.

In der nachfolgenden Teil-Abbildung 4.5-6-1 wird mit Hilfe von drei wartenden Spielern das Grobkonzept gezeigt.

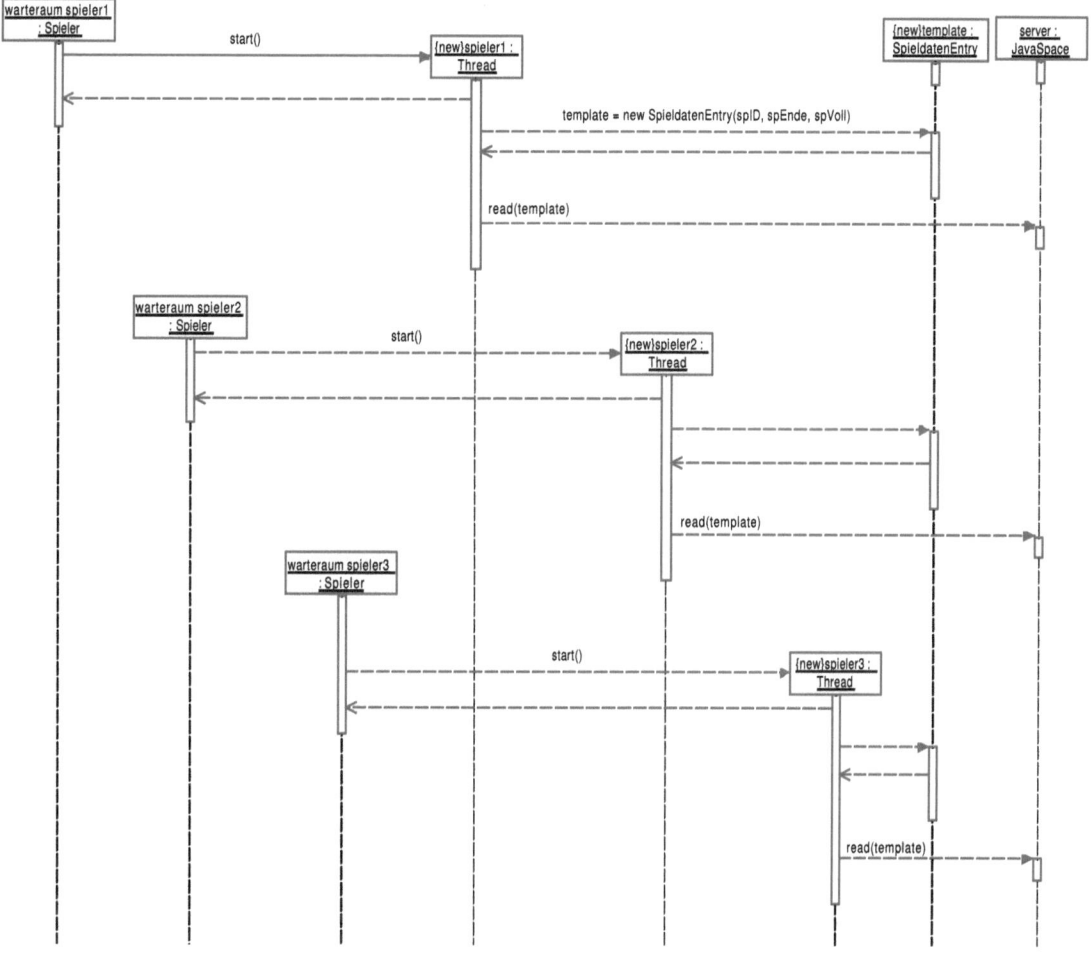

(Abbildung 4.5-6-1)

In Teilgrafik 1 ist zu sehen, dass bei Betreten des Spieler-Warteraums ein
‚*Thread*' gestartet wird. Dieser ‚*Thread*' soll das ‚Einfrieren' der Oberfläche
verhindern, da mit ‚*read()*' solange gewartet wird, bis ein Objekt vorhanden ist,
das der Anforderung entspricht. Durch diese Tatsache, erweitert sich die
Abbildung 4.5-7 um die Klasse ‚***Thread***'.

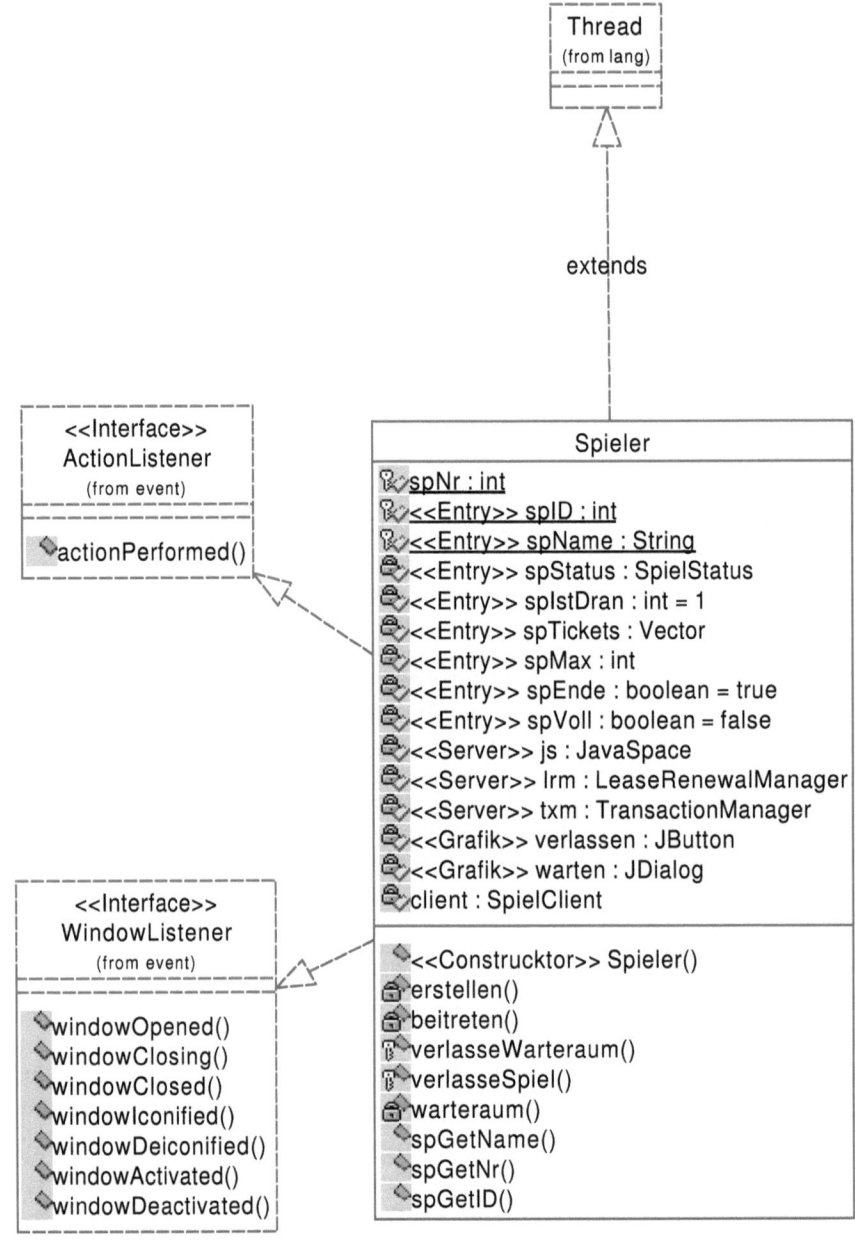

(Abbildung 4.5-7)

Abbildung 4.5.6-1 zeigt nur einen Ausschnitt des Wartemechanismus.
Tatsächlich passiert jedoch vielmehr in der Methode ‚*warteraum()*'.
Zum Beispiel die Erneuerung der Leases, welche von jedem Spieler für ein
bestimmtes Objekt ausgeführt werden muss. Ist das benötigte Objekt mit der
angegebenen ID nicht mehr vorhanden, bzw. wurde die Leases von einem
Spieler nicht mehr bekundet, so erhält jeder Spieler eine Nachricht darüber und
die Verbindung wird getrennt. Später jedoch mehr, hier soll nur die Kernidee des
Wartens dargelegt werden.

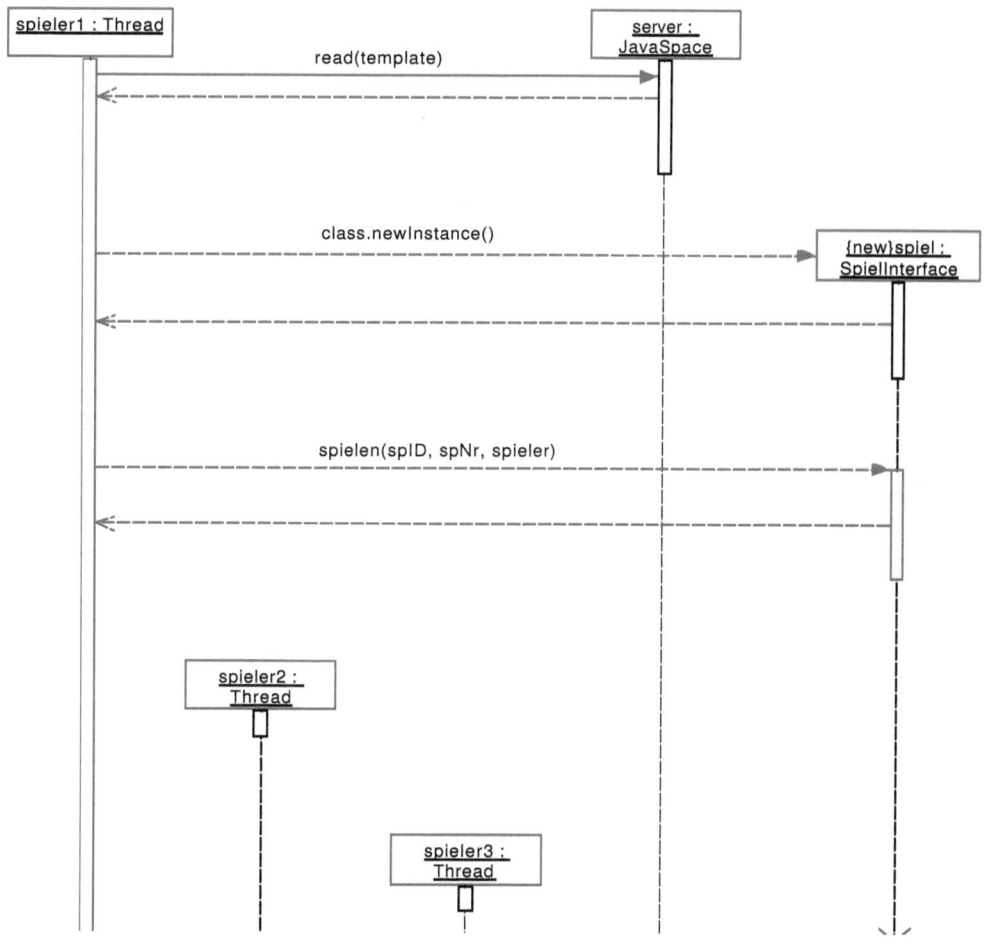

(Abbildung 4.5-6-2)

Abbildung 4.5-6-2 zeigt den weiteren Vorgang nach dem warten mit ,*read( )'*.

Wie schon bei der Spielerstellung in Punkt 4.5.1 gezeigt wurde, muss auch hier wieder die dynamische Objekterzeugung zum Einsatz kommen. Da das Tool vorher nicht wissen kann, welches Spiel nun erzeugt werden soll, wird mit Hilfe der Klasse ,***Class***' und des ,*Spielnamens*' ein Objekt erzeugt. Hat man dies Objekt, kann man die Methode ,*newInstance( )'* Aufrufen und eine Instanz der benötigten Klasse kreieren. Dazu muss ein Interface entworfen werden.
Ein Interface ist eine generelle Schnittstelle, welche uns bestimmte Methoden anbietet, die wir mit dem oben genannten Mechanismus ausführen können. In diesem Fall die Methode ,*spielen( )'*. Hier wird erneut die Java Eigenschaft des ,Polymorphismus' sehr deutlich dargelegt.

Ebenso wie bei ,Spieler1' gezeigt, verhält es sich bei ,Spieler2' und ,Spieler3'.

Die wesentlichen Passagen im Warteraum zusammengefasst:

- ✍ Erzeugung eines nebenläufigen Prozesses
- ✍ Das warten auf ein bestimmtes Objekt durch ,*read( )'*
- ✍ Die dynamische Objekt Instanzierung mittels ,*newInstance( )'*

4.5.4 Ein Spiel verlassen

Die ‚*verlasseWarteraum()*' Methode der Klasse ‚*Spieler*', ist auch gleichzeitig diejenige, welche am meisten Unterscheidungen benötigt.

Es wird sich zunächst auf das ‚*freiwillige Verlassen*' beschränkt. Rechnerabstürze oder Stromausfälle werden später abgehandelt. Hier geht es vielmehr darum, die Methode durch das betätigen des entsprechenden Buttons oder das Windowskreuz aufzurufen. Dabei bekommt sie die ‚*spNr*' und ‚*spID*' als Argumente übergeben. Man kann das Verlassen als Umkehrung zum Erstellen oder Beitreten sehen. Das Ganze jedoch mit dem Unterschied, dass keine Objekte erstellt, sondern entfernt werden, wenn der Initiator das Spiel verlässt. Sollte ein Mitspieler den Warteraum verlassen, wird der Platz für einen anderen Spieler frei. Deshalb ist die Spielernummer ein wichtiges Attribut in der Methode. Auch hier wird die Bedeutsamkeit der Ticketvergabe wieder deutlicht.

Ein Mitspieler verlässt den Warteraum!
- legt zuvor gezogenes Ticket wieder zurück in den Ticketpool

Der Initiator verlässt den Warteraum!
- Alle Clients werden getrennt
- Objekt wird entfernt

Die ‚*verlasseSpiel()*' Methode soll das laufenden Spiel abbrechen. Dazu muss der zuvor gestartete ‚Spiel-Thread' *(s.h. Abb. 4.5-6-1 & 4.5-6-2)* gestoppt werden.

4.6 Entwurf der Spielliste

Die Spielliste auf der Hauptoberfläche soll die Aufgabe haben, alle derzeit verfügbaren Spiele darzustellen. Die Anforderung besagt, dass sie Informationen über:

- die Spieltypen
- die Spieleranzahl des Typs
- derzeit befindliche Spieler im Warteraum
- den Spielstatus (offen, läuft, beendet)

liefern soll.

Um dieser Anforderung gerecht zu werden, wurde die Klasse ‚*SpieleListe*' entworfen. ‚*SpieleListe*' soll alle Methoden bereitstellen, welche zur Darstellung und Erzeugung sind. Aber nicht nur die Liste auf der Hauptoberfläche, sondern auch die Auswahlliste der ErstellenGUI benötigt Informationen über Spieltypen.

Um die Anforderung zu realisieren, alle derzeit vom Spielentwickler programmierten Spiele in dieser Auswahlliste (Combobox) zu führen, wurde dies mit in der Klasse ‚*SpieleListe*' integriert. Somit ist alles, was mit der Darstellung der Spieltypen zu tun hat, in einer Klasse vereinigt.

Die Klasse ‚*SpieleListe'* in Abbildung 4.6-1 bekommt folgende Hauptaufgaben:

✎ Verwaltung der angebotenen Spiele auf der Hauptoberfläche
✎ Verwaltung der Spieltypen bei der Erstellung

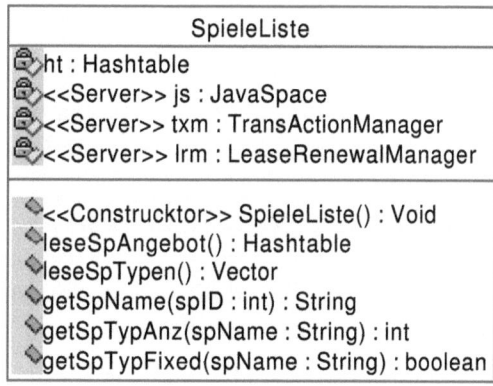

(Abbildung 4.6-1)

Die Variable ‚*ht'* vom Typ ‚*Hashtable'* soll alle auf dem JavaSpace-Server befindlichen Spielobjekte speichern *(s.h. Abb. 4.6-2)*.

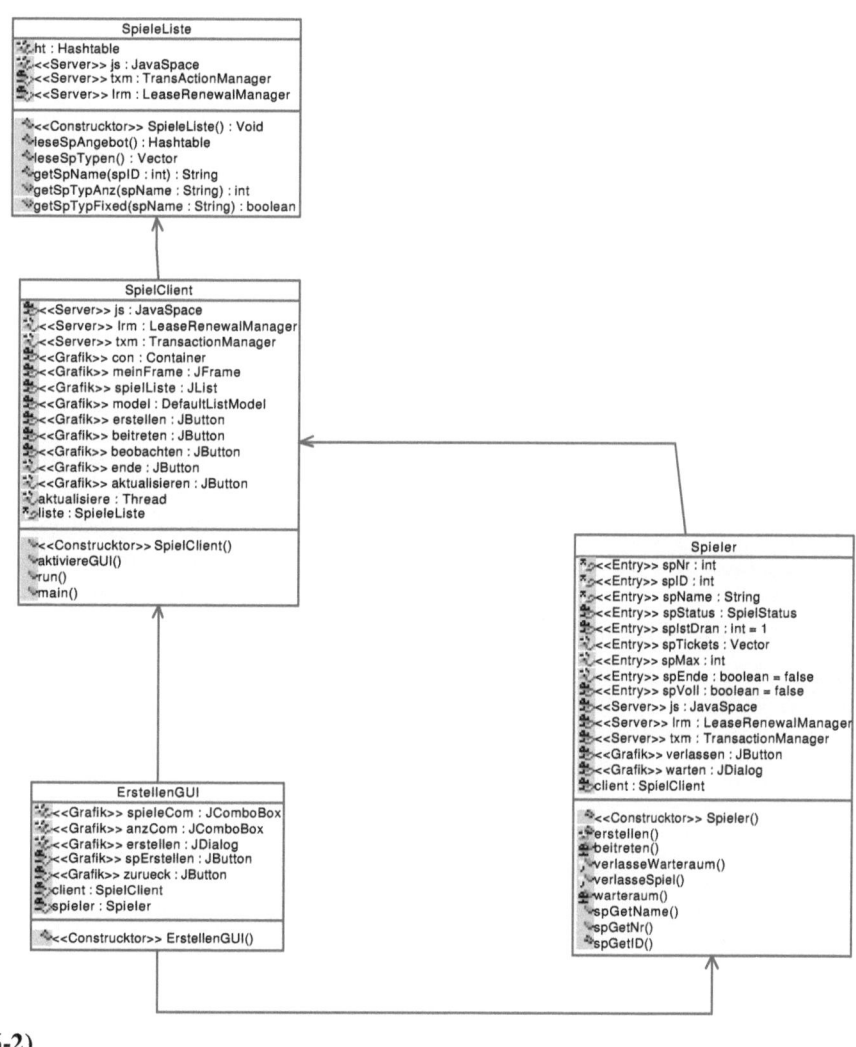

(Abbildung 4.6-2)

Die Klassen ‚*ErstellenGUI*' und ‚*SpielClient*' benötigen eine Instanz der Klasse ‚*SpieleListe*'.

Da von ‚*ErstellenGUI*' eine Referenz auf ein ‚*SpielClient*' Objekt zeigt, kann man mit ‚*SpielClient.SpieleListe.Methode()*' auf die benötigten Funktionen zugreifen. Auf Attribute wird nur durch Methoden zugegriffen!

Man könnte auch über das Spieler Objekt an die benötigte Klasse ‚*SpieleListe*' gelangen. Das hat den **Nachteil**, dass man zu lange Methodennamen hätte.

✍ *irgendwas.irgendwas.irgendwas.Methode()*

wurde auch in **keiner Form** dieser Arbeit verwendet, um die Übersicht zu behalten. ‚*SpielClient*' erweitert sich dadurch um die Variable ‚*liste*', welche als ‚*protected*' deklariert werden muss, um den Zugriff durch ‚*ErstellenGUI*' zu gewährleisten.

4.6.1 Die Listen-Struktur

Um die aus Punkt 4.6 beschriebenen Informationen in einer dazu passenden Struktur zu speichern, wurde eine extra Klasse erstellt, welche diese Struktur erzeugt. Nun gilt es zwei Fälle zu unterscheiden:

1. Es gibt noch keine Spieldaten-Objekte, die angezeigt werden können.
2. Es gibt Spieldaten-Objekte auf dem JavaSpace-Server.

Im ersten Fall muss eine ‚leere' Struktur erzeugt werden.

Im zweiten Fall sollte folgendes zu sehen sein:

Spielname	(Max/Akt)	Status
TicTacToe	(2/1)	offen
Spiel100	(4/2)	offen
Spiel100	(3/2)	offen
………	……	…….

Max gibt die maximale Anzahl der Spieler dieses Spieltyps an.
Akt gibt die aktuelle Anzahl der Spieler im Warteraum wieder.

Diese Struktur aus Abbildung 4.6-3 soll in der ‚*Hashtable*' gespeichert werden.

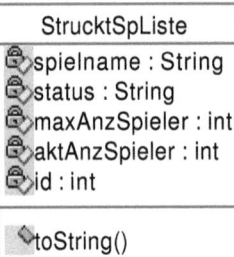

(Abbildung 4.6-3)

Die Methode ‚*toString()*' hat nun die Aufgabe aus den Daten einen String zu formen. Die Struktur wird in der Methode ‚*leseSpAngebot( )*' der Klasse ‚*SpieleListe*' erzeugt. Diese Methode ist zuständig für das Auslesen des JavaSpace-Servers nach Spieldaten-Objekten. Hier wird auch die Unterscheidung abgefangen, ob es schon Spiele gibt oder nicht. Gibt es keine, kreiert ‚*toString()*' einen leeren String; welcher zurückgegeben wird. Gibt es bereits Objekte, werden diese in der Struktur gespeichert und die Struktur wandert in die ‚*Hashtable*'. Bei Aufruf von ‚*leseSpAngebot( )*' wird die ‚*Hastable*' als Wert zurückgegeben.

Das Klassendiagramm 4.6-2 erweitert sich demnach um:

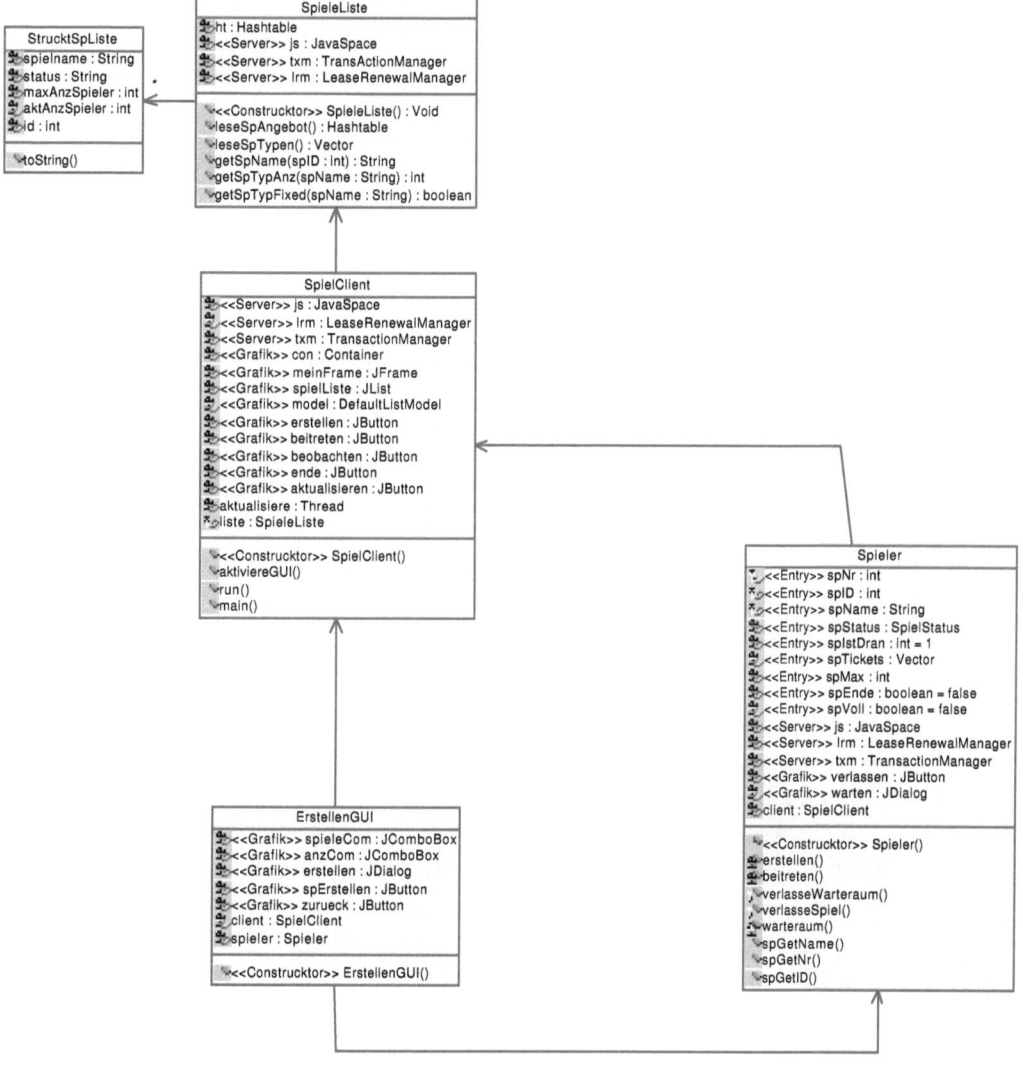

(Abbildung 4.6-4)

Der genaue Ablauf wird in Abbildung 4.6-5 verdeutlicht. Die restlichen Methoden der Klasse ‚*SpieleListe*' dienen zur Darstellung der Spieltypen in der Auswahlbox.

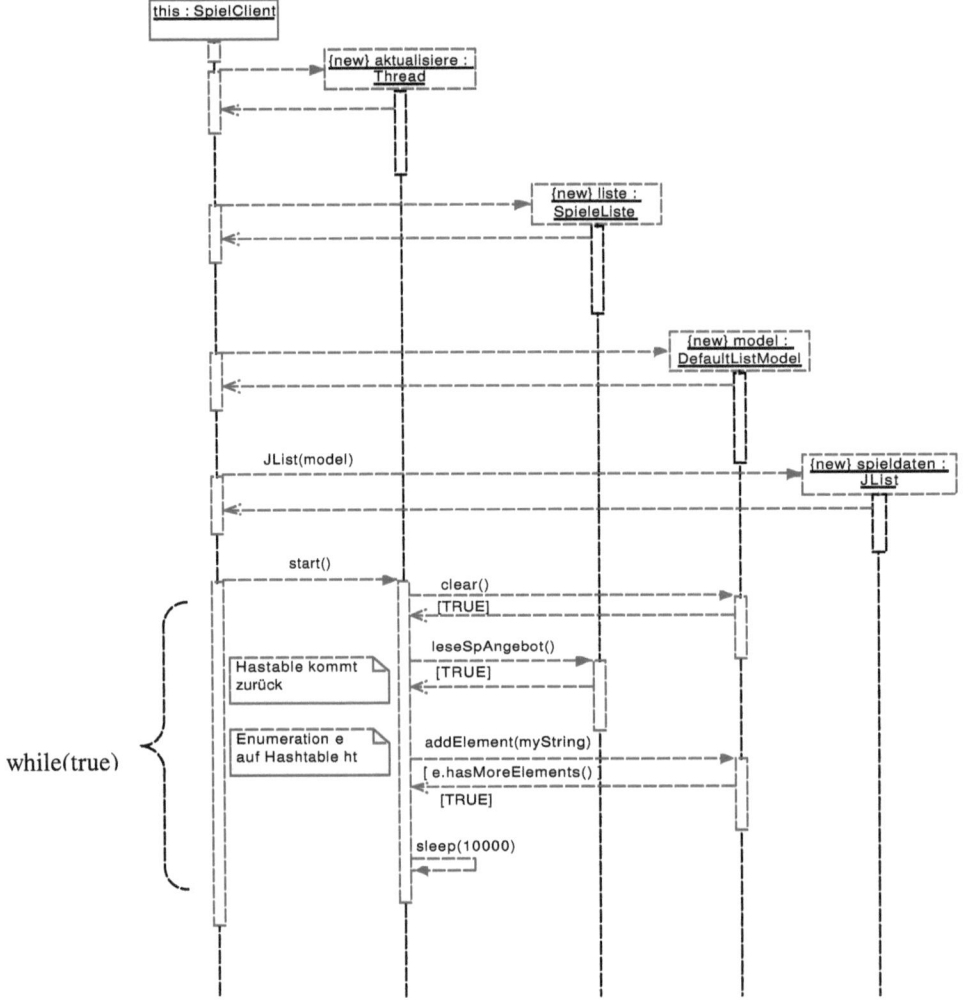

(Abbildung 4.6-5)

Zu sehen ist der interne Ablauf zur Darstellung von angebotenen Spielen.
Wird der Spiel-Client gestartet, werden einige Objekte benötigt.
Das ist zum einen ein ‚*Thread*', welcher hier im unteren Teil zum
Tragen kommt. Der ‚*Thread aktualisieren*' hat die Aufgabe, die Liste nach einer
bestimmten Zeitangabe ständig zu erneuern. Um die Liste dynamisch zu
aktualisieren, muss ein so genanntes ‚***ListenModel***' erzeugt werden.
Die wichtigste Passage ist hier, wie die benötigten Daten dargestellt werden.
Wird die Liste durch den dementsprechenden Button manuell aktualisiert, wird
nur der Teil im ‚*Thread*' ausgeführt.

Was aber eigentlich passiert, wird in Abbildung 4.6-6 gezeigt. In diesem
Diagramm ist der gesamte Ablauf dargelegt.

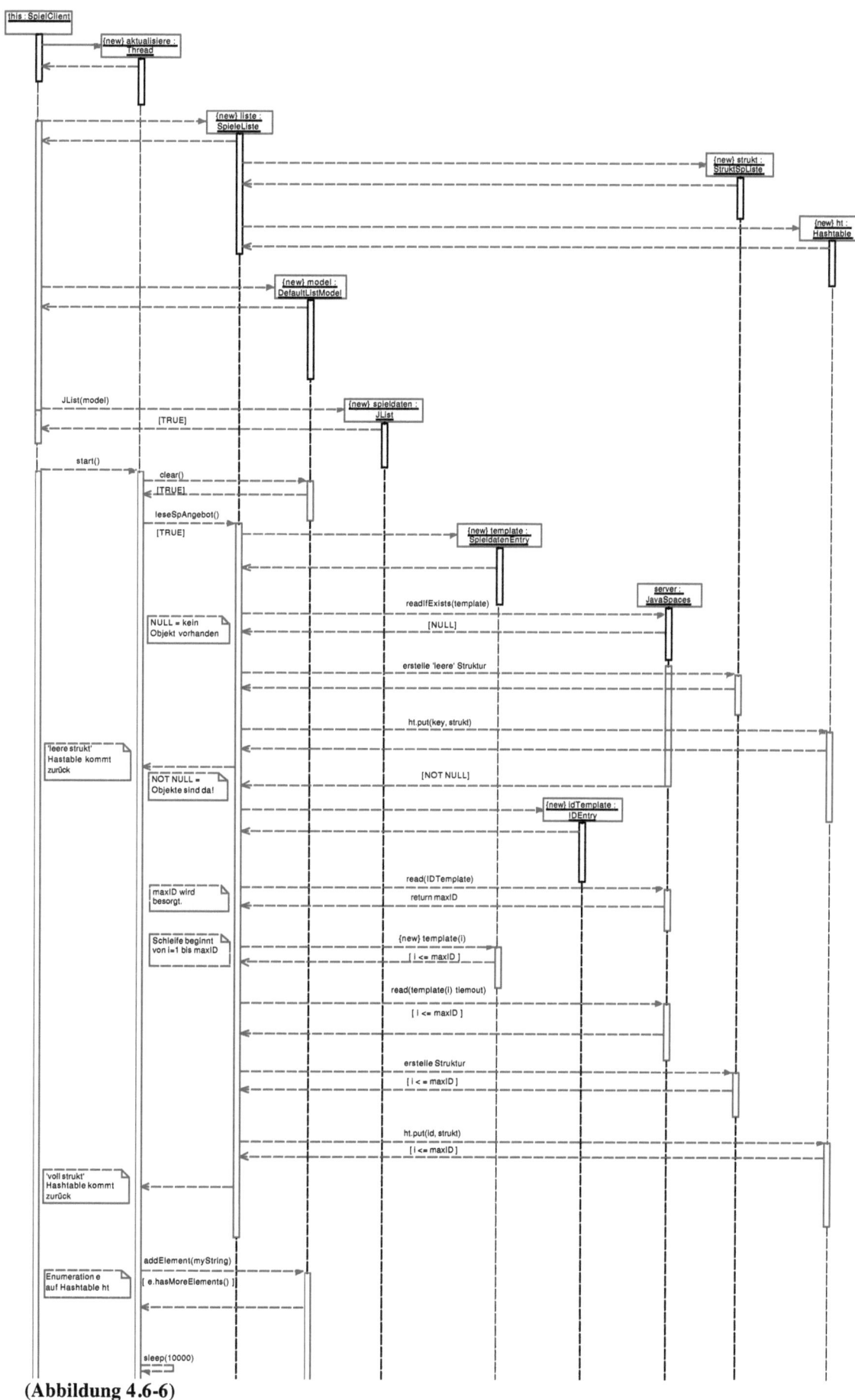

(Abbildung 4.6-6)

Auf den ersten Blick erscheint der Ablauf ziemlich komplex.

Schaut man jedoch etwas näher hin, sieht man, dass die Abbildung 4.6-5 hier enthalten ist. Das Sequenzdiagramm wurde im unteren Teil erweitert, um zu zeigen, wie die Auslesung der Daten in der Methode ,*leseSpAngebot()*' von statten geht. Was dort passiert ist recht trivial.

Es wird zuerst geschaut, ob es überhaupt Daten auf dem Server gibt.

Gibt es keine, wird eine ,leere' Struktur erstellt. Andernfalls muss man alle derzeit befindlichen Objekte auf dem JavaSpace-Server finden. Dies wurde hier mit einem Schleifendurchlauf realisiert. Aus dem Grund wurde die Bedingung [i <= maxID] eingeführt. Die Schleife läuft also von i = 1 bis zur derzeitigen maximalen ,*spID*' um **alle** Objekte zu finden.

In der Schleife wird zuerst ein neues ,*Template*' kreiert, welches mit dem Konstruktor aus 3.1 erzeugt wird:

SpieldatenEntry template = new SpieldatenEntry(spID)

Das ,*Template*' bekommt die derzeitige Schleifenposition als Suchkriterium.

$$\text{✍} \quad spID = i$$

Im nächsten Schritt wird dann geprüft, ob es ein solches Objekt auf dem Server gibt. Gibt es eines, das der ,*read()*' anfrage entspricht, werden alle benötigten Daten des Objekts gelesen und in der Struktur gespeichert.

Diese Struktur wird nun mit der passenden ID als Key in der Hashtable geschrieben. Der Trick hierbei ist, dass die ,*spID*' (also i) als ,key' der Hashtable dient. So kommt man gezielt über die ,*spID*' an das zugehörige Objekt.

Ist das gesuchte Objekt nicht mehr auf dem Server, setzt ein ,*Timeout*' ein und die Schleife läuft um eine Position weiter.

Der ,*Timeout*' wurde hier nur auf ein paar ,*mSek*' gesetzt, um ein zu langes Warten zu verhindern und so die Geschwindigkeit der Auslesung zu erhöhen.

✍ **Nachteil:** Objekt wird nicht angezeigt, wenn ein Spieler es gerade benutzt!!

Im letzten Teil der Grafik kommt ein ,*Thread*' zum Einsatz, welcher die ,*Hashtable*' nun ausliest und die Daten in das ,Listen-Model' schreibt, bevor er wieder die angegebene Zeit von 10 Sekunden ,schlafen geht'. Nach Ablauf der Zeit nimmt der ,*Thread*' seine Arbeit wieder auf und liest die Daten erneut.

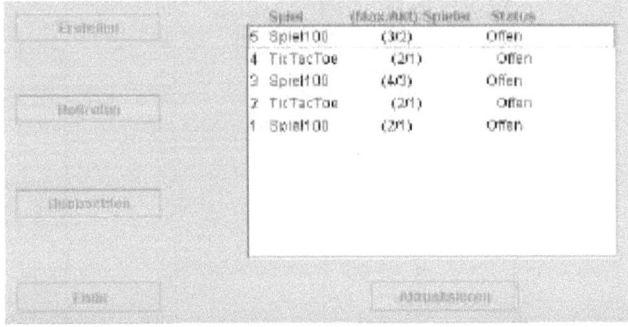

(Abbildung 4.6-7)

4.7 Die Spielerprüfung

Die Spielerprüfung soll die Anzahl der Spieler im Spiel ständig überwachen.
Hier wird der Vorteil der Jini-Lease-Eigenschaft sehr deutlich dargelegt.
Die Prüfung soll vor Strom- bzw. Programmausfällen schützen. Der Spieler benötigt
ein eindeutiges Objekt *(s.h. Abb. 4.7-1)*, welches sich aus der „*spID*' und seiner „*spNr*'
zusammensetzt. Die Kernidee liegt in der ständigen Bekundung dieses Objekts.

Somit ist folgendes Entry entstanden:

```
┌─────────────────────────────────────────────┐
│                SpielNrEntry                  │
├─────────────────────────────────────────────┤
│  🔒spID : Integer                            │
│  🔒spNr : Integer                            │
├─────────────────────────────────────────────┤
│  ◇SpielNrEntry() : Void                      │
│  ◇SpielNrEntry(spID : int, spNr : int) : Void│
└─────────────────────────────────────────────┘
```

(Abbildung 4.7-1)

Tritt ein Spieler in den Warteraum, wird das oben beschriebene Objekt auf den
JavaSpace-Server gelegt. Im gleichen Zug wird ein separater „*Thread*' gestartet, der
nichts anderes tut, als dieses Objekt ständig zu bekunden.
Dazu dient die Klasse „**SpielerCheck**', welche nur die „*run()*' Methode beinhaltet.

```
┌─────────────────────────────────────────────────────┐
│                    SpielerCheck                      │
├─────────────────────────────────────────────────────┤
│  🔒spID : int                                        │
│  🔒spNr : int                                        │
├─────────────────────────────────────────────────────┤
│  ◇<<Construcktor>> SpielerCheck(spID : int, spNr : int) : Void│
│  ◇run() : Void                                       │
└─────────────────────────────────────────────────────┘
```

(Abbildung 4.7-2)

„**SpielerCheck**' bekommt bei der Erzeugung die aktuelle „*spID*' und die „*spNr*' im
Konstruktor übergeben und speichert die Daten in den zwei dafür vorgesehenen
Attributen ab. Die Arbeitsweise der „*run()*' Methode ist analog zur Initialisierung der
„*spID*' und „*spTypen*' aus Punkt 4.3.1 zu sehen. Ein „**SpielNrEntry**' wird mit Hilfe der
beiden Daten angelegt und mit „*take()*' genommen. Dann wird dem Objekt eine
aktuelle Lease-Zeit gegeben und es wird wieder zurück geschrieben.
Verlässt der Spieler nun „freiwillig' oder „unfreiwillig' den Warteraum, bzw. das
laufende Spiel, wird dieser „*Thread*' durch einen „höflichen Interrupt' abgebrochen.

Nun kommt eine weitere Eigenschaft der Klasse „**Spieler**' zum Vorschein. Sind alle
Spieler im Warteraum, kann ein Spiel gestartet werden. Nun wird gleichzeitig die
Überprüfung angestoßen, ob die maximale Anzahl der Spieler im Spiel ist. Dazu dient
ein weiterer „*Thread*' der Klasse „**Spieler**'. Dieser „*Thread*' durchsucht den
JavaSpace-Server nach Objekten des Typs „**SpielNrObjekt**' mit den Attributen „*spID*'
und „*spNr* 1....*spMax*'. Der genaue Ablauf ist unter Punkt 5.2.4 nachzuschlagen.

4.8 Klassendiagramm des Basissystems

Im Kapitel 4 wurde die Entstehung des Basissystems an einigen Diagrammen dargestellt. So wurden einige Probleme nach dem ‚*devide & conquer'* Verfahren in kleine Teile zerlegt, welche in Abbildung 4.8-1 zusammen gefügt werden.

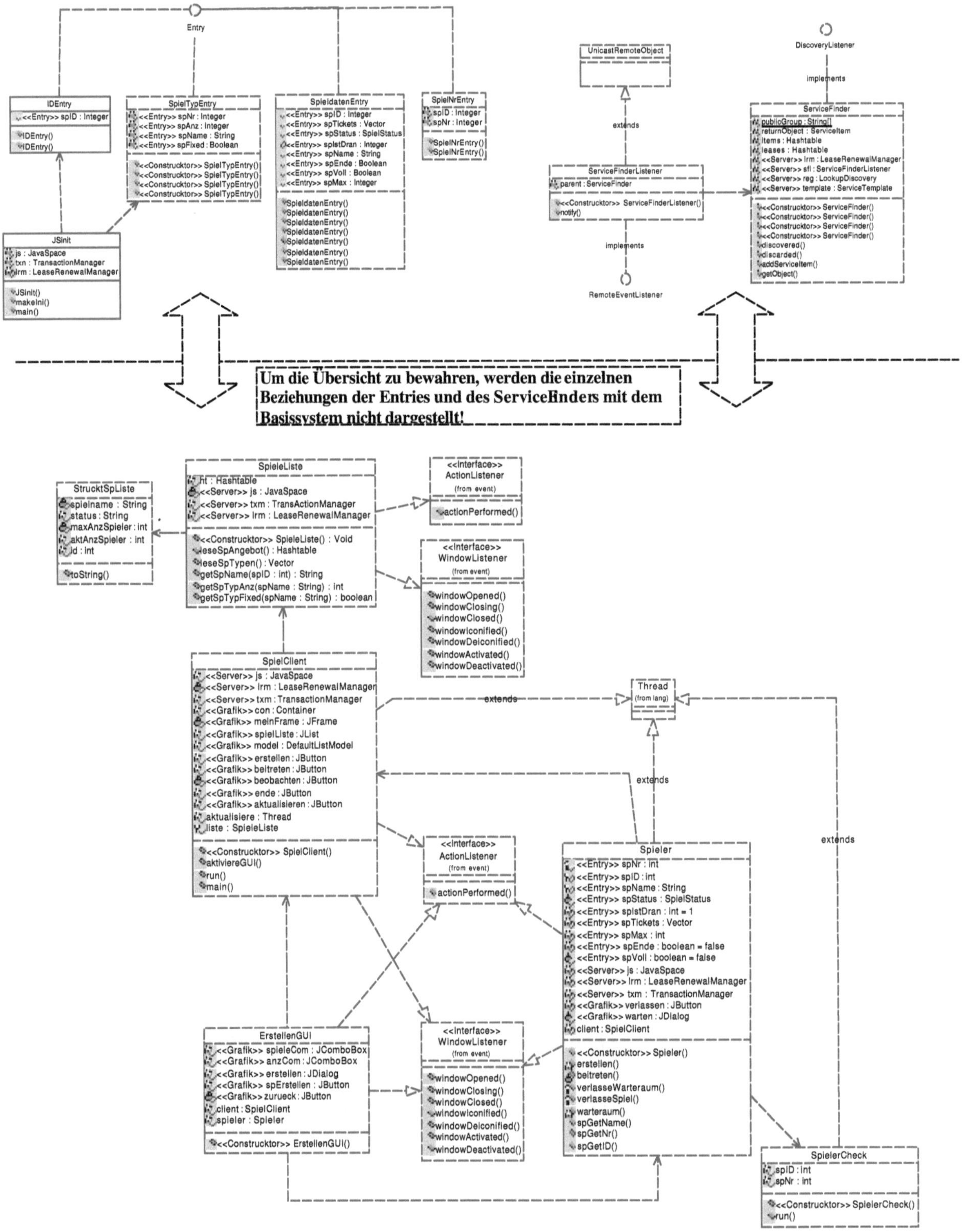

(Abbildung 4.8-1)

4.9   Entwurf der Spielintegration

In diesem Punkt wird auf das zweite Herzstück der Anwendung eingegangen.
Hier soll nun der eigentliche Kernpunkt dieser Arbeit entwickelt werden.
Die einfache Integration von Spielen!

Genau hier kommt die Stärke des objektorientierten Entwurfs zur Geltung.
Die Spiele sollen später per ‚Dynamischen Klassenladens' von einem Webserver je
nach Bedarf geladen werden können. Dazu sollen sie möglichst unabhängig vom
eigentlichen Basissystem sein. Dieser Punkt ist für den späteren Spielprogrammierer
von besonderer Bedeutung und ist daher auch ausführlich beschrieben.

Zuerst einmal muss man sich die Anforderungen und Aufgabenbeschreibung wieder
vor Augen halten. Auch das Entry der Spieldaten hat eine entscheidende Rolle in der
Spielprogrammierung, da dort alle Ergebnisse und der Ablauf gespeichert werden.
(s.h. Abb. 4.1-2)

Der Punkt 3.3.6 beschreibt die generellen Anforderungen bei der Spielentwicklung.
Hier wurden auch die beiden Konzepte vorgestellt, mit denen eine solche
Unabhängigkeit erzielt werden kann. Das war zum einen das *‚Interface'* und zum
anderen eine *‚abstrakte Klasse'*. Beide sind Java-Konzepte und beinhalten frei
definierbare Methoden, welche dem Programmierer bereitgestellt werden.

Daraus kann man wiederum ableiten, dass man bei der Spielentwicklung mindestens
zwei Klassen kreieren muss, welche diese vorgegebenen Methoden implementieren.
Der Spielentwickler hat nun die folgenden Aufgaben:

✍ Entwurf der Klasse, welche die Methoden von ‚Spiel' implementiert
✍ Entwurf der Klasse, welche die Methoden von ‚Status' implementiert

Zunächst muss jedoch überlegt werden, mit welchem Konzept die Integration
bewerkstelligt werden soll. Man kann sagen, dass beide Konzepte der Anwendung
gerecht würden, weil sie von der Grundidee her ähnlich sind.

**Dennoch grenzen sie sich in einigen Punkten voneinander ab. Aus diesem Grund
werde ich die Spielintegration anhand eines ‚Interface' und die Statusintegration
anhand einer ‚abstrakten Klasse' entwerfen, um die einzelnen Unterschiede zu
zeigen.**

4.9.1 Analyse der Spiele

Das Spiel100
Das Spiel100 ist ein Zahlenspiel in dem ein Integer-Wert als Status gespeichert wird. Dies stellt die einfachste Variante in Bezug auf den Spielstatus dar.
Hier würde man eine Methode benötigen, welche einen Integerwert aufnehmen und abspeichern kann. Weiterhin würde man eine Methode benötigen, mit der man den aktuellen Spielstand lesen kann.

TicTacToe
Als zweites Spiel soll der Klassiker TicTacToe programmiert werden.
Dies ist im Vergleich zum Spiel100 nun nicht mehr so trivial, da hier bestimmte Positionen auf einem Brett gespeichert werden sollen.
Hat Spieler X seinen Zug getätigt, muss das Feld, welches gewählt wurde, mit dessen Symbol gekennzeichnet werden um zu signalisieren, dass dieses Feld nun belegt ist. Daraus resultieren zwei Dimensionen, die durchlaufen werden müssen, um die gewünschte Position des Spielers X zu kennzeichnen. Das sind einmal die X- und zum anderen die Y-Achse des Spielfeldes.
Daraus würden sich nun die beiden Methoden *,setWert(spalte, zeile, wert)'* und *,getWert(spalte, zeile)'* ergeben. Erstere bekommt den Wert des Spielers, welcher das Feld belegen möchte, übergeben. Sie setzt den Wert des Spielers X an Position (x, y). Die zweite Methode gibt den Wert an Position (x, y) zurück.

Spiel100 & TicTacToe
Als nächstes besteht die Frage, welche Gemeinsamkeiten Spiele generell haben können, um dazu passende Methoden-Definitionen zu finden.
Alle Spiele können entweder einen Gewinner haben oder unentschieden ausgehen. Im Spiel100 geht definitiv ein Gewinner hervor. So benötigt es keine Methode, welche ein unentschieden festlegt. Bei TicTacToe kann es auch einen Gewinner geben. Somit wurde eine Gemeinsamkeit der beiden Spiele lokalisiert.
Die Methode *,gewinner()'* liefert demnach die Spielernummer des Gewinners zurück. Sie soll zur Gewinnerüberprüfung während des Spiels dienen. Jedes Spiel **kann** einen Gewinner haben!
Anders sieht es jedoch bei TicTacToe aus. Hier kann es auch ein Unentschieden geben. Die Methode *,unentschieden()'* soll überprüfen, ob im Spielverlauf ein Unentschieden vorliegt oder nicht. Hier reicht ein Wahrheitswert aus, welcher *,true* = unentschieden', *, false* = sonst' liefert.

Fazit der Analyse
Die oben beschriebenen Methoden wurden speziell auf die beiden Spiele ausgelegt. Nun kann man sich die Frage stellen, ob die genannten Methoden auch für andere Spiele ausreichend sind?
Diese Frage kann mit einem klaren **,Nein'** beantwortet werden, da andere Spieltypen (*z.B. Skat*) nichts gemeinsam mit den hier genannten Spielen haben. Somit ergeben sich auch andere benötigte Methoden zur Implementierung eines passenden Spielstatus. Hier muss nun eine Überlegung getroffen werden, wie man diesen Sachverhalt noch allgemeiner ausdrücken könnte. Dazu kann man die Eigenschaft einer abstrakten Klassen nutzen, welche erlaubt keine Methoden definieren zu müssen.

4.9.2 Signaturentwurf der Status-Klasse

Durch die in Punkt 4.9.1 getätigte Analyse ergibt sich die abstrakte Klasse aus Abbildung 4.9-1.

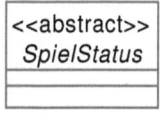

(Abbildung 4.9-1)

Nun stehen dem Spielprogrammierer alle Türen offen, seinen eigenen Spielstatus mit seinen spielspezifischen Methoden zu deklarieren.

Spiel100 Status

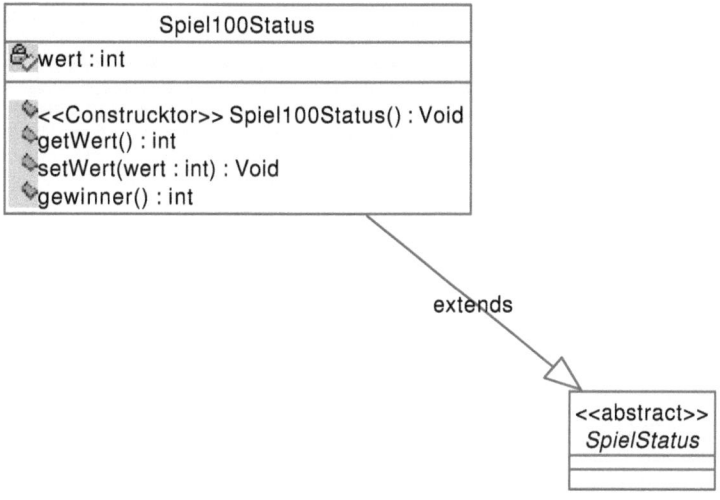

(Abbildung 4.9-2)

Hier ist eigentlich klar, was die Aufgaben des Programmierers sind!

Sein Einstiegspunkt ist die abstrakte Klasse „*SpielStatus'*. Diese Klasse liegt auf Seiten des Clients und soll unveränderbar sein. Die abstrakte Klasse erzwingt **keine** Implementierung irgendeiner Methode.

Einsatz des Programmierers:

- ✍ Entwurf der Klasse, welche ein Spielstatus repräsentiert
  (Hier *Spiel100Status*)
- ✍ Diese Klasse **muss** von der <<*abstract*>> Klasse abgeleitet sein.

Vorteile:

- ✍ Der Programmierer hat freie Wahl seiner Status-Implementierung
- ✍ Kein Implementierungszwang von unnötigen Methoden
- ✍ Dadurch eventuell weniger Programmieraufwand
- ✍ Damit kann man ‚**alle**' beliebigen Spielstatus-Objekte speichern

TicTacToe Status

Ebenso wie beim Spiel100 gezeigt wurde, verhält es sich auch bei dem Spiel TicTacToe. Dieser Status muss genauso integriert werden.
Die Statusimplementierung benötigt nun die Methoden, welche in 4.9.1 angegeben wurden. Somit entsteht Abbildung 4.9-3:

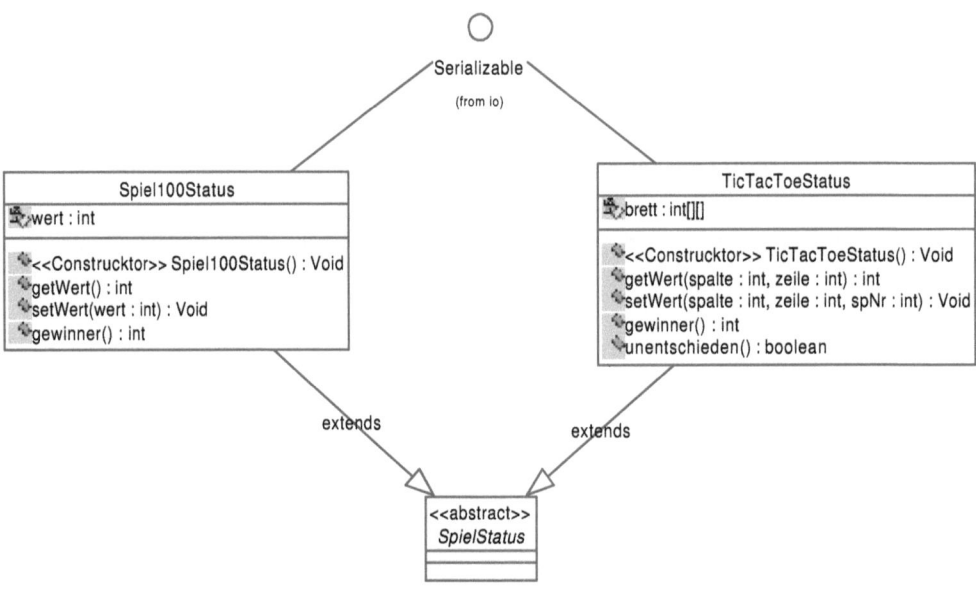

(Abbildung 4.9-3)

Beide Status-Klassen müssen ‚*Serializable'* implementieren, da die Objekte an den JavaSpace-Server übertragen werden (gekapselt in Entry).

So können nun beliebig viele Spiele in die Anwendung integriert werden!

Die Schritte zusammengefasst sind:

o Entwurf der Spielstatus-Klasse mit allen benötigten Methoden
o Die Spielstatus-Klasse muss von <<*abstract*>> erben
o Der Klassenname setzt sich zusammen aus: Spielname + "Status"

4.9.3 Signaturentwurf der Spiele

Nachdem der Programmierer nun seine eigenen Status-Klassen entwerfen und
einbinden kann, müssen die Spiele noch dynamisch integrierbar sein.
Wie schon in Punkt 4.9 erläutert, wird die Integration der Spiele nun über eine
Schnittstelle bewerkstelligt.

Wie bei den abstrakten Klassen müssen auch bei Schnittstellen Methoden
definiert werden. Da in einem Interface keine Implementierung vorhanden sein
darf, kann man auch von einer ‚vollständig abstrakten Klasse' sprechen.
In diesem Punkt gilt es nun sich die passenden Methoden zu suchen, welche für
jeden Spielablauf implementiert werden müssen. Hier kann dem Programmierer
nicht mehr so viel Freiraum gegeben werden wie in der Status-Integration.

Der Status ist vollkommen unabhängig vom Basissystem. Das heißt, dass vom
Basissystem keine Methoden aus einer Statusklasse benötigt werden. Der Status
steht in einer Beziehung zum Spiel selber.

Bei den Spielen ist es jedoch anders. Hier muss aus dem Basissystem wenigstens
eine Methode aufgerufen werden. Das ist die Methode *spielen(...) (engl. play())*.
Mit dieser Methode muss der Programmierer auskommen um sein Spiel zu
implementieren.

Somit ist eine der ersten Methoden und gleichzeitig die wichtigste gefunden. In
‚*spielen()*' soll der komplette Spielablauf Implementiert werden.

Nun muss man sich noch die Parameter überlegen, welche in einem Spiel
benötigt werden. Zum einen wäre da die ‚*spID*', weil man über die JavaSpace-
Plattform seine Spieldaten bezieht und mit der ‚*spID*' gezielt mit Hilfe eines
‚*Template*' an ein bestimmtes Objekt kommt.
Zum anderen wird die ‚*spNr*' benötigt, um dem Spieler seine persönliche
Spielernummer zuzuteilen. Dies ist wichtig um die Koordination der
Spielerabwechselung zu bewerkstelligen.
Als drittes Attribut soll das Spielerobjekt selbst noch übergeben werden, damit
der Spielprogrammierer auch Zugriff auf die ‚*verlasseSpiel()*' Methode der
Klasse ‚**Spieler**' hat. Die Methode ‚*verlasseSpiel()*' entfernt einen Spieler, durch
betätigen des entsprechenden Buttons auf der Spieloberfläche, aus der laufenden
Spielpartie. Somit entsteht die erste Methode im Interface:

       public void spielen(int spID, int spNr, Spieler sp);

Diese Methode wird vom Basissystem aufgerufen wenn ein Spiel gestartet
werden kann. Sie muss demnach **immer** implementiert werden.

Nun kann man sich noch weitere wichtige Methoden, welche in allen Spielen
vorkommen könnten, ausdenken. Dazu muss die Überlegung getätigt werden,
wie Spiele generell ablaufen.

Spieler eins beginnt die Partie, setzt seinen Zug und gibt das Spiel weiter an den nächsten Spieler. Die Spieloberfläche sollte nun bei dem wartenden Spieler **deaktiviert** sein, damit er keinen Eingriff ins Spiel hat.
Nur bei demjenigen Spieler, der gerade am Zug ist, soll sie **aktiviert** sein.
Der aktuelle **Spielstand** sollte bei jedem Spieler sichtbar auf der Oberfläche zu sehen sein.

Folgende Methoden kann man daraus ableiten:

✍ *aktiviereGUI()* (Oberfläche aktivieren und deaktivieren)
✍ *setStatus()* (Um den Spielstatus z.B. in ein ‚*txtFeld*‘ zu setzen)

Diese Methoden sollten für jeden Spielablauf ausreichend sein.
Da Java die Eigenschaft besitzt, mehrere Schnittstellen implementieren zu können, kann man die benötigten Events aus ‚*ActionListener*‘ und/oder ‚*WindowsListener*‘ je nach Bedarf erweitern. Auch weitere Schnittstellen können so im Spiel implementiert werden. Das ist einer der Vorteile eines ‚*Interface*‘!
Die Methode ‚*actionPerformed()*‘ muss daher hier nicht aufgeführt werden.

Um die Oberfläche mit dem Spielgeschehen aktuell zu halten, muss der Methode ‚*aktualisiereGUI()*‘ ein passender Spielstatus übergeben werden.

Die beiden Methoden ‚*aktiviereGui*‘ und ‚*setStatus*‘ *(s.h. Abb. 4.9-4)* werden ebenfalls vom Basissystem aufgerufen, wenn eine Spielpartie verlassen wird.
Deswegen müssen auch diese immer implementiert werden.

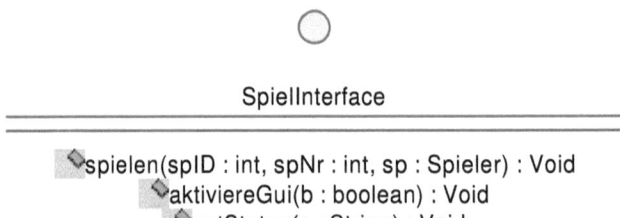

SpielInterface

◈spielen(spID : int, spNr : int, sp : Spieler) : Void
◈aktiviereGui(b : boolean) : Void
◈setStatus(s : String) : Void

(Abbildung 4.9-4)

Vorteile der Interface-Variante:

✍ Es können beliebig viele Schnittstellen implementiert werden
✍ Man kann die ‚Implementierungs-Klasse‘ ableiten (z.B. von JFrame)
✍ Keine unterschiedliche Implementierung aus verschiedenen Quellen für die gleiche Methoden.

4.9.4 Entwurf der Spiele

Um ein Spiel zu programmieren, muss es das Interface aus Abbildung 4.9-4 implementieren. Somit bekommt das Spiel100 folgenden Aufbau:

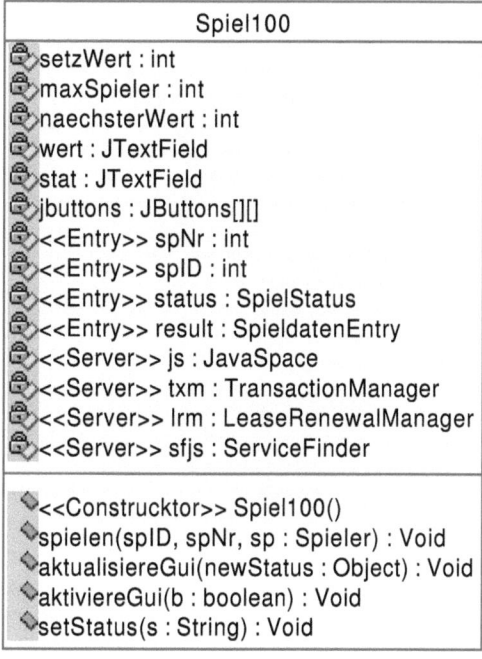

(Abbildung 4.9-5)

Ebenso wird auch das Spiel TicTacToe aufgebaut:

```
                    TicTacToe
  naechsterZug : Point
  buttons : JButtons[][]
  stat : JTextField
  tictactoe : JPanel
  <<Entry>> spNr : int
  <<Entry>> spID : int
  <<Entry>> status : SpielStatus
  <<Entry>> result : SpieldatenEntry
  <<Server>> txm : TransactionManager
  <<Server>> js : JavaSpace
  <<Server>> lrm : LeaseRenewalManager

  <<Construcktor>> TicTacToe() : Void
  spielen(spNr, spID, sp : Spieler) : Void
  aktualisiereGui(newStatus : Object) : Void
  aktiviereGui(b : boolean) : Void
  setStatus(s : String) : Void
```

(Abbildung 4.9-6)

4.9.5 Die Oberfläche der Spiele

Die Oberfläche der Spiele wird in der Methode ‚spielen()' implementiert.

Spiel100

(Abbildung 4.9-7)

TicTacToe

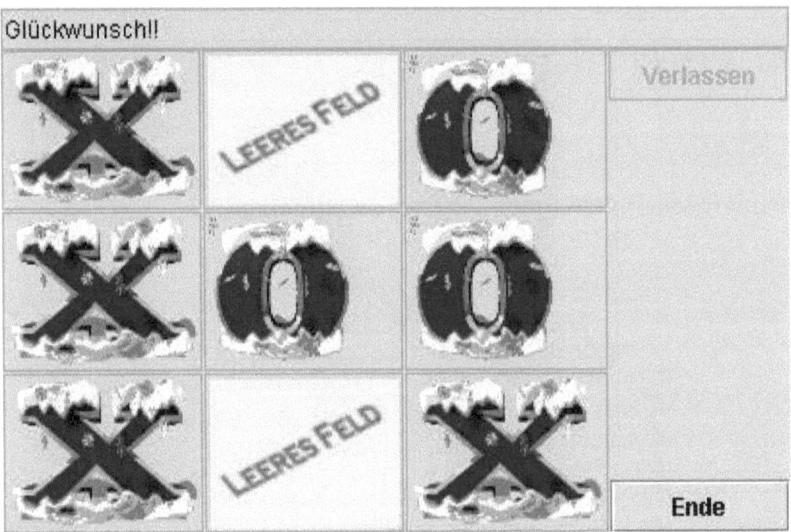

(Abbildung 4.9-8)

Die beiden Oberflächen sind recht einfach gehalten. Es befinden sich zwei Buttons auf ihnen. Zum einen der ‚Ende-Button', der erst aktiviert wird, wenn die Spielpartie Ordnungsgemäß beendet wurde. Zum anderen der ‚Verlassen-Button', welcher von Anfang der Spielpartie aktiv ist, um einem Spieler die Möglichkeit zu geben ein laufendes Spiel zu verlassen.

Im Kopfbereich der Oberfläche wurde ein Textfeld integriert, welches Auskunft über den Spielstand bzw. den Spielstatus liefert.

4.9.6 Gesamtsystem der Spielintegration

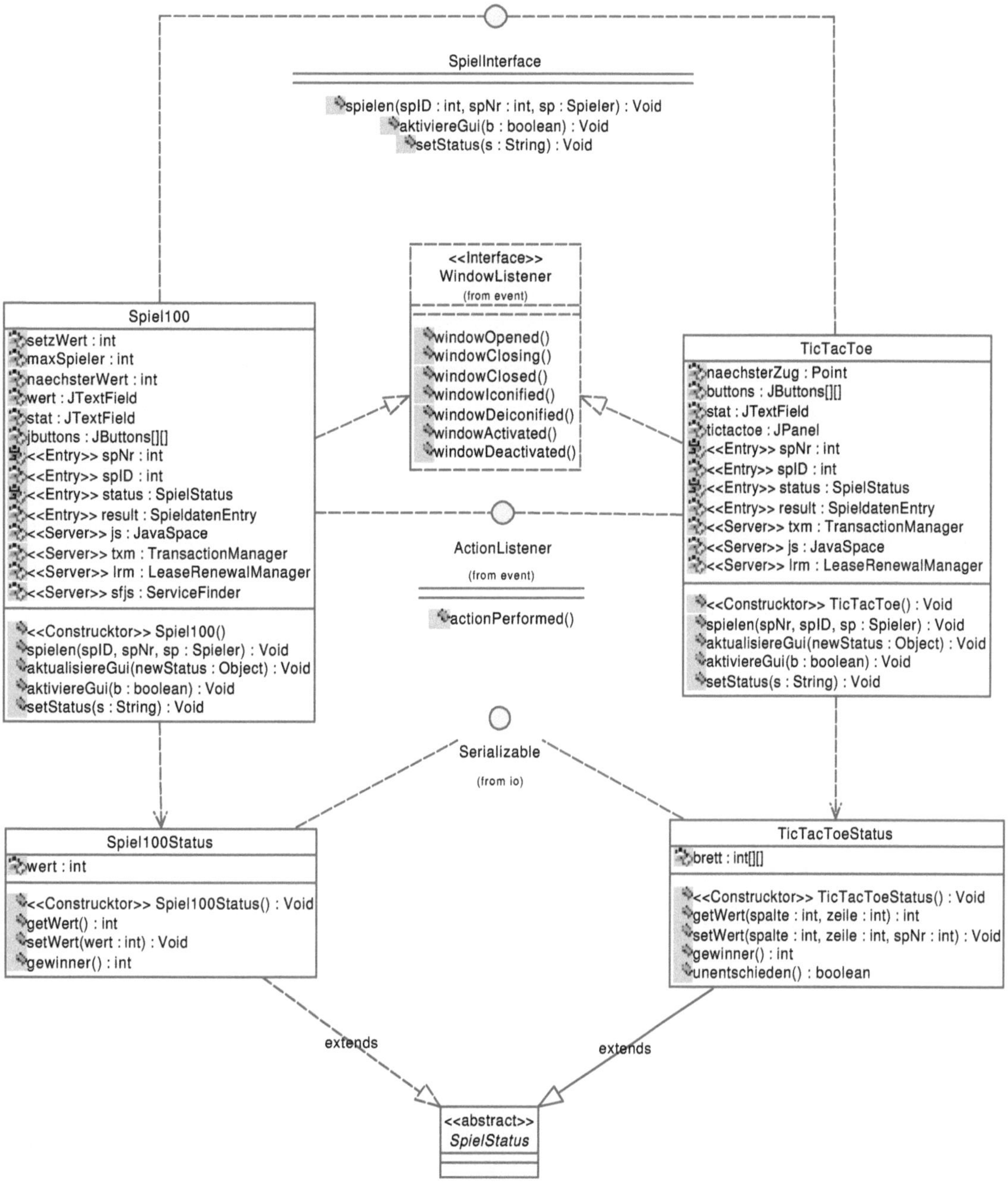

(Abbildung 4.9-9)

Fügt man die Punkte 4.9.2 und 4.9.3 zusammen, entsteht dieses Gesamtsystem. Genau hier ist die Stärke der objektorientierten Programmierung sehr ersichtlich. Nach diesem Schema lassen sich nun beliebig viele Spiele nachträglich in die Anwendung einbinden. Somit ist keine Aktualisierung des Basissystems erforderlich. Der Spielprogrammierer braucht nur seine Status-Klasse zu entwerfen, das passende Spiel zu implementieren und beide Klassen auf einem Webserver zu hinterlegen.

4.9.7 Der Spielablauf

In diesem letzten Punkt wird anhand des Diagramms in Abbildung 4.9-10 der Spielablauf erläutert, welcher in beiden Spielen identisch programmiert wird. Das Diagramm zeigt zwei Clients, welche ‚irgendein Spiel spielen'.

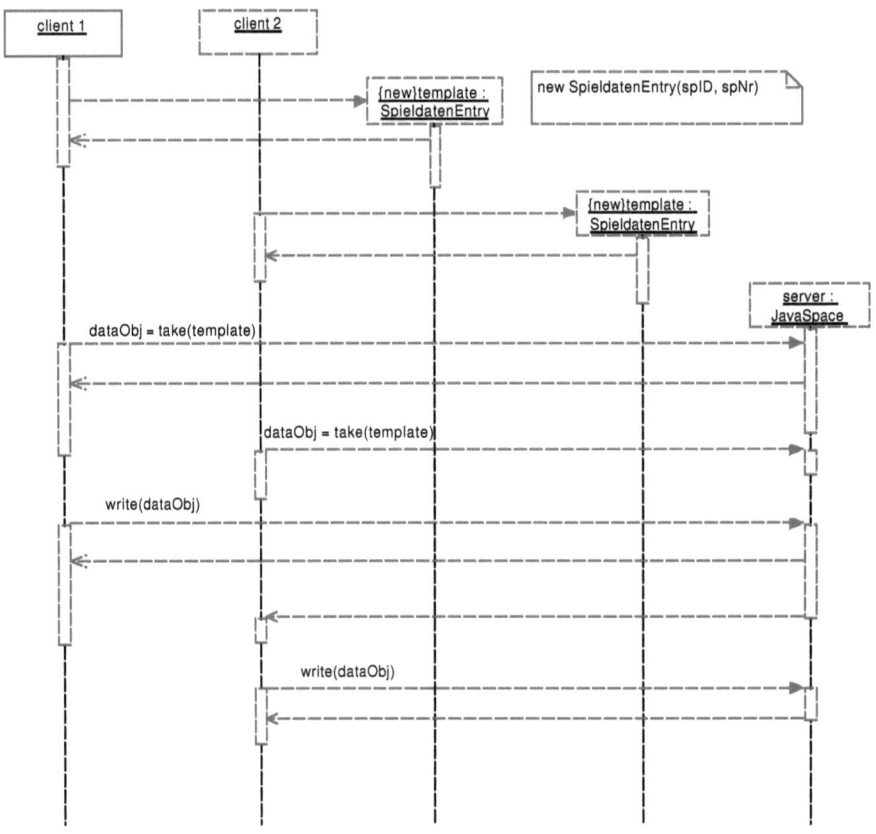

(Abbildung 4.9-10)

Zu sehen ist die generelle Spieler-Synchronisation mittels JavaSpaces. Zuerst erstellen die Clients ein ‚*Template*' mit ihrer Spielernummer (*spNr*) und der Spiel-ID (*spID*). Anhand dieses ‚*Template*' können sie nun gezielt nach ihrem Spieldatenobjekt auf dem JavaSpace-Server Ausschau halten. Hier kommt das Attribut ‚*spIstDran'* ins Spiel. Dieses Attribut regelt den Abwechselungsmechanismus des Spielgeschehens. Nun kommt der letzte Konstruktor aus Punkt 4.1, welcher wie folgt aufgebaut ist:

SpieldatenEntry template = new SpieldatenEntry(spID, spIstDran)

Die genaue Funktion des Spielablaufs ist unter Punkt 5.2.5 Nachzuschlagen!

5 Implementierung

5.1 Die Implementierung der Funktionalität

Hier wird der Funktionale Ablauf des Basissystems anhand von einigen Diagrammen näher erklärt. Es wird bewusst kein Programmcode verwendet!

5.1.1 Die Spielerstellungs-Funktion

Hat der Anwender nun den Button zur Spielerstellung betätigt und die zugehörige Spielerzahl des Spieltyps gewählt, wobei die Spielerzahl auch fest sein kann (z.B. bei TicTacToe), müssen die Werte einschließlich der Spiel-ID beschafft und ein Spielstatus Objekt *(s.h. Punkt 4.9.2)* dynamisch zur Laufzeit erzeugt werden. Das Objekt soll mit den angegebenen und mit den weiteren notwendigen ,*Default*' Daten *(s.h. Punkt 4.1)* nun in den JavaSpace-Raum geschrieben werden. Der Spieler soll dann sofort in den Warteraum wechseln. Das gerade angelegte Spiel muss nun in der dafür vorgesehenen Spielliste angeboten werden, um weitere Spielern das Beitreten zu ermöglichen.
Die Abbildung 5.1-1 soll die Funktion verdeutlichen.

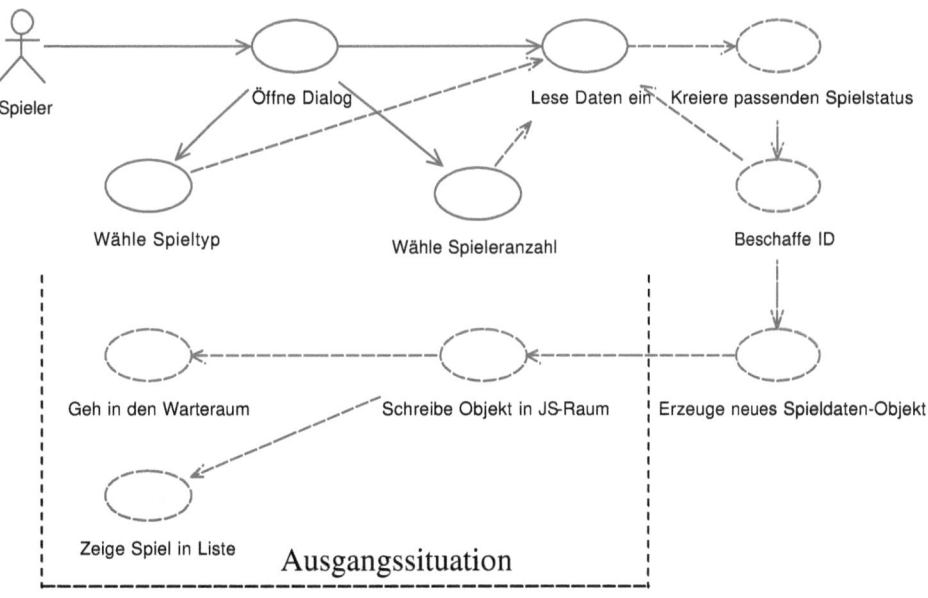

(Abbildung 5.1-1)

5.1.2 Die Spielbeitritts-Funktion

Als Einstiegspunkt soll hier die Ausgangssituation aus Abbildung 5.5-1 dienen. Möchte nun ein Mitspieler einer erzeugten Spielpartie beitreten, muss er sich im ersten Schritt das gewünschte Spiel aus der dafür vorgesehenen Liste selektieren. Nach dem Drücken des dementsprechenden Buttons müssen die spielspezifischen Daten beschafft werden. Hat man nun die ID, kann man mit dieser gezielt nach dem dazu passenden Objekt suchen, um es aus dem JS-Raum heraus zu nehmen. Nun müssen die Daten entsprechend angepasst werden, der Spieler bekommt dann seine spezielle Spielernummer zugeteilt. Danach soll das Objekt wieder zurück in den JS-Raum geschrieben werden. Dabei muss die Spielliste mit den aktuellen Werten angepasst werden. Der Spieler wird dann sofort in den Warteraum geführt. Die Abbildung 5.1-2 verdeutlicht diesen Sachverhalt.

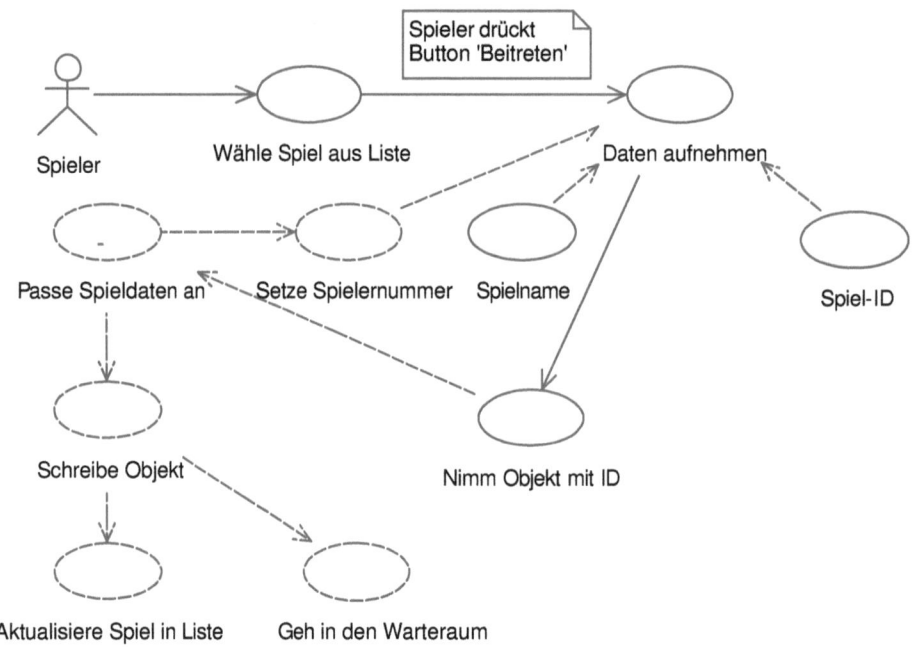

(Abbildung 5.5-2)

5.1.3 Die Warteraum-Funktion

Eine Spielpartie wird gespielt, wenn der letzte der Maximal zulässigen Höchstspieleranzahl dieses Spieltyps eingetreten ist.

In Abbildung 5.1-3 ist durch den Pfeil angedeutet, dass der Spieler solange auf weitere Mitspieler wartet um eine Partie zu spielen. Dazu wird solange die ,*read()*' Funktion auf den JSS ausgeführt, bis das passende Objekt vorhanden ist welches der ,*template*' Anfrage entspricht.

  ✍ spID = spID
  ✍ Spiel ist voll (spVoll = true)
  ✍ Spiel ist noch offen (spEnde = true)

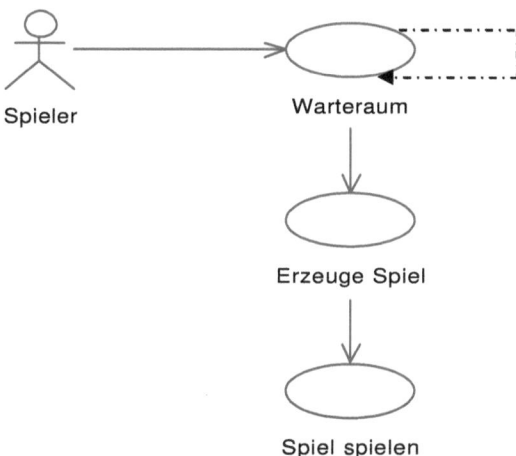

(Abbildung 5.1-3)

5.1.4 Die Spielverlassen-Funktion

In diesem Punkt müssen einige Fälle unterschieden werden. Die Hauptaufgabe liegt darin, den JavaSpace-Server von den Objekten zu reinigen. Die ersten beiden Unterscheidungen sind:

  ✍ Spiel wurde verlassen, und **hat** noch **nicht** begonnen
  ✍ Spiel wurde verlassen, und **hat** bereits begonnen

Zunächst muss jedoch die Frage geklärt werden, wie ein Spiel verlassen werden kann. Dies kann ,freiwillig', oder ,unfreiwillig' passieren. Letzteres ist auf einen Rechnerabsturz zu führen. Da dies keinen Methodenaufruf mehr beinhaltet, muss das hier abgegrenzt und zu einem anderen Zeitpunkt abgefangen werden (z.B. im Warteraum oder im Spiel selber durch die Leasing Eigenschaft).

  o Ein Spiel **kann** nur verlassen werden, wenn man selber eines erstellt oder zu einem beigetreten ist!
  o Ein Spiel **wird** verlassen, indem man entweder den dazugehörigen Button betätigt, oder das Windows Kreuz anklickt.

Beide Fälle haben zur Folge, dass eine Methode aufgerufen werden muss.

Das Spiel hat noch nicht begonnen

Man befindet sich noch im Warteraum. Hier gibt es einen Button zum verlassen des Raums *(s.h. Punkt 3.3.4)*. Wird dieser betätigt, müssen folgende Unterscheidungen getroffen werden:

Fall 1:

Der Initiator verlässt den Raum, ohne dass ein weiterer Spieler darin ist.
Hier muss lediglich das Objekt genommen werden. Die ‚*Garbage Collection*'
entfernt dieses Objekt automatisch.

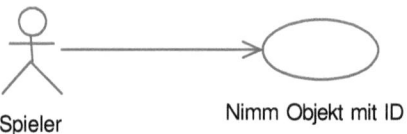

(Abbildung 5.1-4)

Fall 2:

Ein Spieler, der beigetreten ist, verlässt den Raum.
In diesem Fall sollen nur die Spieldaten neu angepasst werden. Dadurch kann
das Spiel fortgesetzt werden und ein anderer Spieler hat die Möglichkeit den
Platz bzw. die Spielernummer einzunehmen.

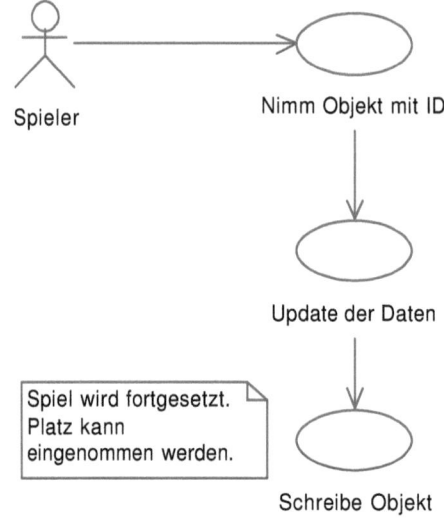

(Abbildung 5.1-5)

Fall 3:

Initiator verlässt den Raum, wenn weitere Mitspieler vorhanden sind.

Hier sollen alle beteiligten Spieler den Raum verlassen, da der Initiator eine ‚Schlüsselfigur' darstellt. Laut Restriktion *(s.h. Punkt 3.1.2)* beginnt der Spieler mit der Nummer eins. Hier muss dem Objekt eine sehr kurze Lease Zeit gegeben werden.

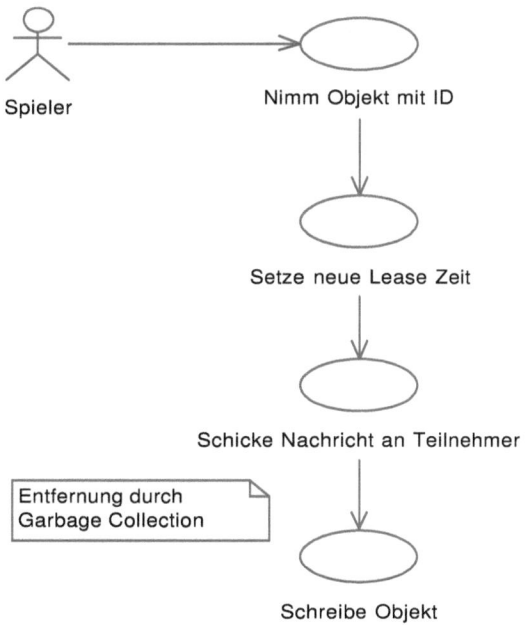

(Abbildung 5.1-6)

Das Spiel hat bereits begonnen

Gerade hier würden sich einige komplizierte Fälle ergeben, welche einen sehr umfangreichen Abfang-Mechanismus umfassen würden. Zum Beispiel:

?   Hat man beim Verlassen verloren?
?   Können die anderen weiterspielen?
?   Was ist, wenn der Initiator aussteigt?
?   Wie werden die neuen Spielernummern angepasst?

Hier wurden nur einige Punkte gezeigt, um die Komplexität der Anforderung zu verdeutlichen. Man müsste eine dynamische Aktualisierung des kompletten Spielverlaufs und der Spielernummern durchführen.

Die eigentliche Funktion liegt darin, dass bei Verlassen eines laufenden Spiels alle Spieler benachrichtigt werden um das Spiel zu verlassen. Hier geht keiner als Gewinner oder Verlierer raus. Die Spieloberfläche soll bei allen Spielern manuell geschlossen werden können und das erzeugte Spielobjekt muss automatisch entfernt werden. *(s.h. Punkte 4.7 & 5.2.5)*

5.1.5 Die Funktion der Spielliste

Hier muss eine Verbindung zu dem JavaSpace-Server geschaffen werden, welcher die Informationen bzw. Objekte beinhaltet. Es müssen alle existierenden Objekte dargestellt und aufgelistet werden. Um eine automatische ständige Aktualisierung dieser Liste zu erzielen, sollte dafür ein separater ‚**Thread**' zum Einsatz kommen, der nur diese Aufgabe zu erfüllen hat. Die Objekte können in einer ‚**Hashtable**' gespeichert werden, welche ein Abbild ihres Inhalts auf die Client-Liste ‚spiegelt'. Diese Funktion soll auch über einen extra Button manuell ausgeführt werden können, um sofort ein Update der Liste zu erhalten.
Als Zeitvorgabe zur Aktualisierung werden 10 Sekunden angegeben.

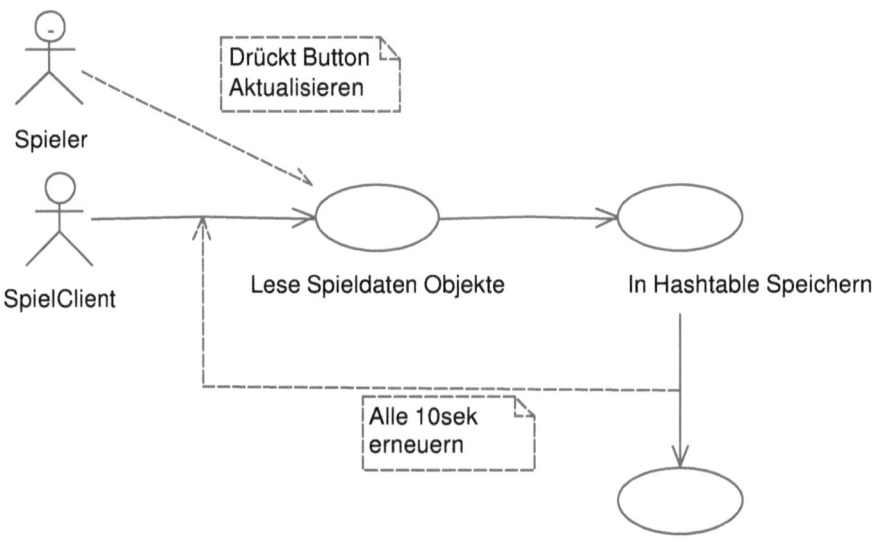

(Abbildung 5.1-7)

Soll der Inhalt einer ‚*JList*' dynamisch veränderbar sein, so muss das Listenmodel das Interface ‚*ListModel*' implementieren. Eine mögliche Implementierungsvariante für diesen Zweck ist die Klasse ‚*DefaultListModel*'. In der Anwendung wurde mit Hilfe dieser Klasse die ständige Aktualisierung der Spielliste realisiert. Man erzeugt sich ein Objekt mit:

DefaultListModel dlist = new DefaultListModel();

Dieses Objekt wird dann im Konstruktor der ‚*JList*' übergeben.

JList jlist = new JList(dlist);

Nun kann man auf die Liste folgende Methoden anwenden und diese ändert sich dynamisch zur Laufzeit der Anwendung:

public void clear();
public void addElement(Object obj);
public void removeElementAt (int index);
public Object ElementAt(int index);

5.2 Besonderheiten der Implementierung

Während der Implementierungsphase kamen einige Besonderheiten und ungewünschte Verhaltensweisen der Anwendung zum Vorschein. Die Probleme und deren Lösungen werden nun hier kurz erläutert.

5.2.1 Die Oberflächen

Das Programmieren der grafischen Benutzeroberfläche stellte anfangs einige Probleme dar. Man muss darauf achten, dass die Oberfläche der Anwendung nicht ‚einfriert'. Unter ‚einfrieren' soll verstanden werden, dass man die einzelnen Elemente nicht durch eine zweite Oberfläche verwischen kann oder das die Buttons im gedrückten Zustand hängen bleiben.

Die einzelnen Buttons der Oberfläche sollen bei einer Betätigung auch eine entsprechende Methode ausführen. Dies lässt sich auf zwei Arten realisieren. Zum einem durch das verwenden von ‚*inneren Klassen*' und zum anderem durch das Registrieren eines ‚*ActionListeners*'.

1. Das ‚Einfrier-Problem'

Problem

Eine Oberfläche friert ein oder blockiert, wenn der aktive Thread, welcher auch die Oberfläche erstellt durch irgendwas blockiert wird. Dies kann z.B. die ‚*wait()*' Methode sein oder ein ‚*take()*' bzw. ‚*read()*' Aufruf auf ein Objekt, welches sich nicht auf dem JavaSpace-Server befindet.

Lösungsvorschlag

Um nun zu verhindern, dass diese unangenehme Begleiterscheinung in der Anwendung auftritt, wurde zur Erzeugung der Oberfläche ein Thread kreiert, welcher diese aufbaut. Mit einem separaten Thread lässt sich dieses Problem auf elegante Weise lösen.

2. Die ‚ActionEvent' Zuweisung

Problem der ‚inneren Klasse'
Bei der ‚inneren Klasse' lässt sich gedanklich nur sehr schwer nachvollziehen was dort überhaupt passiert. Der Java-Compiler erzeugt eine zusätzliche Klasse, welche durch ein ‚$' Zeichen gekennzeichnet ist. Diese zusätzliche Klasse wird bei jeder implementierten ‚inneren Klasse' angelegt. Bei einer Vielzahl von ‚inneren Klassen' entstehen somit auch eine Vielzahl von ‚$-Klassen' welche die gesamte Klassenstruktur der Anwendung unübersichtlich und unverständlich machen.

Lösungsvorschlag
Vorteilhaft ist das Implementieren des ‚*ActionListeners*'. Fügt man bei der Klassendefinition den Zusatz ‚*implements ActionListener*' hinzu, erfordert dies die Implementierung der Methode ‚*ActionPerformed*', in der alle Button-Events programmiert werden können. Um die einzelnen Buttons in ‚*ActionPerformed*' auch unterscheiden zu können, kann man diesen mit ‚*setActionComand*' einen eindeutigen Namen zuweisen. Damit die Methode ‚*ActionPerformed*' bei Betätigung aufgerufen wird, muss der entsprechende Button mit ‚*addActionListener(this)*' registriert werden.

Das Implementieren des ‚*ActionListener*' hat sich als viel komfortabeler und übersichtlicher erwiesen. Auch die ‚$-Klassen' fallen somit weg.
Das Lesen des eigenen Quellcodes ist dadurch verständlich geworden.

5.2.2 Die dynamische Objekt-Erzeugung

Problem
Nicht nur die Spielliste soll zur Laufzeit veränderbar sein, sondern es muss auch ein neues Spiel-Objekt zur Laufzeit erstellt werden.

Lösungsvorschlag
Dazu bietet Java auch ein Konstrukt an, welches in der Anwendung verwendet wurde. Die Klasse ‚*Class*' stellt mit den Methoden ‚*forName(String name)*' und ‚*newInstance()*' einen Mechanismus bereit, welcher anhand eines Namens die dazu passende Klasse liefert (z.B. Spiel100.class).
Führt man nun die Methode ‚*newInstance()*' aus, erzeugt man zur Laufzeit eine Instanz der angegebenen Klasse und kann deren Methoden aufrufen.

5.2.3 Abbruch von Threads

Der Thread ist in der Regel zu Ende, wenn die ‚*run()*'-Methode bis zum Ende ausgeführt wurde. Enthält eine ‚*run()*'-Methode jedoch eine Endlosschleife – wie etwa bei einem Server, der auf eingehende Anfragen wartet –, so muss der Thread von außen zur Kapitulation gezwungen werden.

In der Anwendung wurden die einzelnen Threads mit Hilfe eines ‚höflichen Interrupt' zum Abbruch bewegt.

Natürlich haben die Java-Entwickler an eine Lösung gedacht und drei Methoden implementiert, mit denen sich eine Unterbrechung ankündigen und abfragen lässt. Mit der Methode ‚*interrupt()*' wird in einem Thread-Objekt von außen ein internes Flag gesetzt, welches dann in der ‚*run()*'-Methode durch ‚*isInterrupted()*' periodisch abgefragt wird.

Beispiel:

```
public void run()
{
        while(true) //Endlosschleife
        {
                if(isInterrupted())
                        break;

                try
                {
                        do somthing........
                }
                catch(InterruptedException exc)
                {
                        interrupt();
                }
        }
}
```

5.2.4 Funktion der Spielerüberprüfung

Sollte nun ein Spieler ‚freiwillig' oder ‚unfreiwillig' das Spiel oder den Warteraum verlassen, wird auch demnach sein ‚*SpielNrObjekt'* nicht bekundet! Dadurch bekommen die beteiligten Spieler einen ‚*Timeout'* des ‚*Threads'* der Überprüfung gesendet. Um dies zu verdeutlichen, dient folgendes Diagramm:

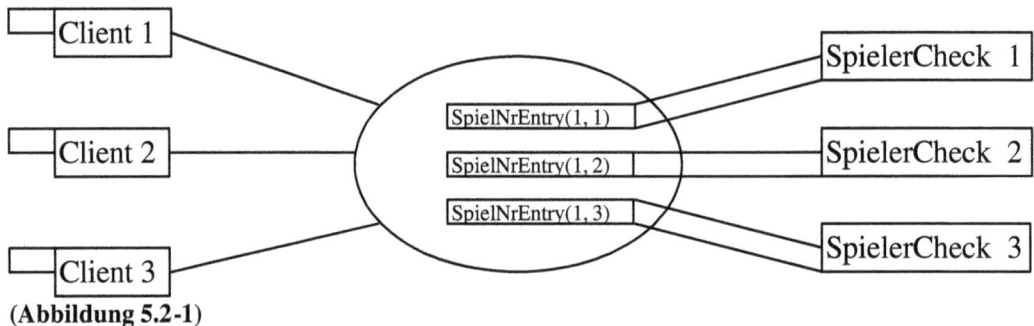

(Abbildung 5.2-1)

Der ‚*Thread'* der Spielerüberprüfung ist hier mit ⊏ gekennzeichnet.

Er ist für die Überwachung der maximalen Spieler im Spiel zuständig. Dazu läuft eine Schleife von ‚$i = 1$' bis ‚$i = spMax$'. In der Schleife wird ein Template Request mit Konstruktor zwei aus Abbildung 4.7-1 erzeugt. Die Variable i soll die Spielernummer darstellen und wird auch dementsprechend als ‚*spNr'* übergeben.

✍ *SpielNrEntry(spID, i)// Konstruktor zwei aus Abb. 4.7-1*

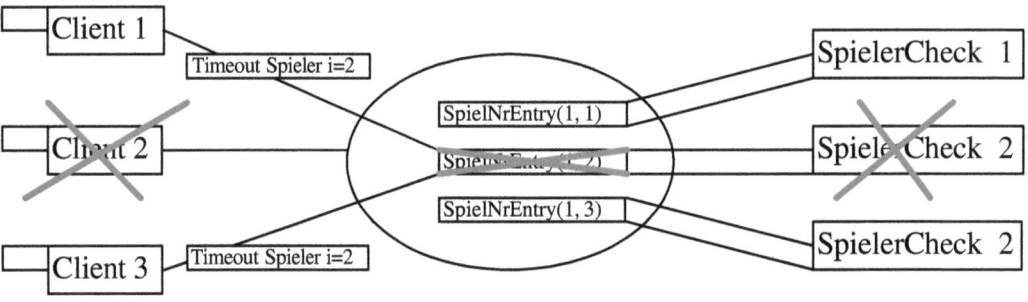

(Abbildung 5.2-2)

Wird nun ein Spieler aus dem Spiel entfernt, verfällt auch das zugehörige Objekt!

In der Schleife der beiden noch existierenden Clients tritt durch die Methode ‚*readIfExists(...., ..., 10000)'* ein ‚*Timeout'* ein. Wenn der ‚*Timeout'* eingetroffen ist, können diese zwei Clients das Spiel beenden und bekommen eine entsprechende Meldung. Der Vorteil dieses Verfahrens liegt in der Unabhängigkeit zu den Spielen. Der Spielprogrammierer braucht sich in seiner Implementierung nicht um diese Fälle zu kümmern, da alles im Basissystem verwaltet wird. Ein weiterer Vorteil liegt darin, dass auch während eins Absturzes im Warteraum das Objekt nicht geschrieben wird. Die beiden anderen Clients ‚merken' dies, so dass das Spiel beendet werden kann.

5.2.5 Funktion des Spielablaufs

Das Attribut *'spIstDran'* wird nach einem Spielzug um den Wert eins erhöht.
Ist die obere Grenze der maximalen Spieler erreicht, muss sie wieder bei eins
beginnen. Dies wird solange wiederholt, bis das Spiel zu Ende ist. Die
Abbildung 5.2-3 soll diesen Ablauf weiter verdeutlichen:

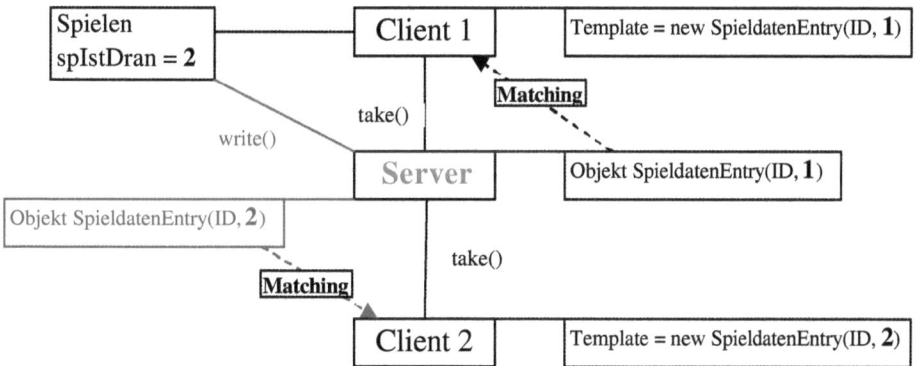

(Abbildung 5.2-3)

Da der Spieler mit der Nummer eins die Partie eröffnet, bekommt er auch als
Erster das passende Objekt geliefert. Spieler Nummer zwei muss noch warten
und wird solange ein *'take()'* auf den Server ausführen, bis sein Objekt
vorhanden ist. Hat nun Spieler eins seinen Zug getätigt, wird die Variable
'spIstDran' um eins erhöht und wieder zurück geschrieben. Nun hat Spieler zwei
seinen 'Hit' und kann sich das Objekt nehmen. Somit ist eine geschickte verteilte
Synchronisation über den JavaSpace-Server gewährleistet.

5.3 Verwendete Werkzeuge

Zur Erstellung der in dieser Dokumentation dargestellten Diagramme wurde die Software ‚Rational-Rose-Enterprise-Edition 2002' verwendet.
Der Umgang damit war recht schnell zu erlernen. Das Gestalten der ‚Sequenzdiagramme' ist jedoch stark verbesserungsbedürftig und stellte sich im Laufe der Dokumentation als eine langwierige und mühsame Angelegenheit heraus.
Tritt ein Fehler auf, welchen man dann rückgängig machen will, so hat man ein Problem!
Die Software lässt es nicht zu, Aktionen zu verbessern oder zu löschen.
Dieses Verhalten ist aus meiner Sicht bei einer solchen Software unakzeptabel.
Man wird bei einem Fehler im Sequenzdiagramm gezwungen, das bis dahin erstellte Diagramm komplett neu zu erstellen. Auch bei einer anderen von mir getesteten Version des Programms kam das Verhalten zum Vorschein. Bei anderen Diagrammen wie z.B. UML konnte man ohne Probleme fehlerhafte Beziehungen wieder entfernen.
Das Layout hat einen negativen Effekt bei den Sequenzdiagrammen. Die Software passt ständig die Objektgrößen an und es kommt vor, dass dadurch die Pfeilenden auf der Linie enden und nicht am Objekt.

Die eigentliche Implementierung wurde mit ‚UltraEdit' bewerkstelligt. Dies ist ein HEX-Editor, welcher als kostenlose Test-Version im Internet erhältlich ist.
Das Programmieren mit diesem Tool erwies sich als sehr komfortabel.
Es lassen sich zahlreiche Einstellungen vornehmen, mit denen man ein perfektes Programmierwerkzeug erhält. Die Syntax-Hervorhebung ist nur eines der Features.
Im Gegensatz zu anderen Werkzeugen wie z.B. der ‚JBuilder' generiert ‚UltraEdit' keinen eigenen Quellcode.

6 Bedienung und Installation

6.1 Installation Spieler

Die Installation auf Seiten des Spielers ist recht trivial und lässt sich in ein paar Punkten beschreiben. Zuerst muss sichergestellt werden, ob die aktuelle Java und Jini Umgebung auf dem Rechner einsatzbereit und Funktionstüchtig ist.

Ist dies der Fall, müssen folgende Schritte ausgeführt werden:
- Entpacken der ‚MPS-SS2002_v139_Spieler.ZIP‘ Datei
- Editieren der beiliegenden ‚Settings.bat‘
- Ausführen der ‚Start.bat‘

Der wichtigste Teil ist das Editieren der ‚Settings.bat‘ Datei. Sie muss mit einem Editor geöffnet werden um folgende Daten anzupassen:

- CLASSPATH
  Der ‚CLASSPATH‘ muss auf folgende Dateien gesetzt werden

  1. jini-ext.jar
  2. sun-util.jar

  Diese zwei Dateien liegen im ‚Jini1_2_1\lib\‘ Verzeichnis

- SECURITY
  Hier muss der Pfad zur ‚policy‘ Datei gesetzt werden.
  Z.B.: Jini1_2_1\example\lookup\policy.all
  (für den ersten Test ist diese Variante zu empfehlen!)

- URL
  Hier muss die ‚Codebase‘ zum Webserver gesetzt werden.
  Z.B.: http://192.168.0.4:8080/..../.....
  Wichtig: **Ohne** ‚Slash /‘ am ende!!

Wenn alle Server in Betrieb sind (MAHALO, REGGIE, RMID, Webserver), sollte das Tool nun durch das Ausführen der ‚Start.bat‘ laufen.

6.2 Installation Spielentwickler

Die Installation des Basissystems verhält sich genauso wie bereits in der Installation des Spielers erklärt wurde. Der Programmierer ist auch gleichzeitig verantwortlich für die korrekte Installation der Jini-Umgebung und die Server Initialisierung. Extrahiert man die Datei ‚MPS-SS2002_v139_Programmierer.ZIP' kommt ein weiterer Ordner hinzu. Im Ordner ‚Initialisierung' befinden sich die Dateien ‚*JSInit.java*' und ‚*Initialisierung.bat*'. Hat man nun ein neues Spiel nach Anleitung 6.3.2 integriert, muss die Datei ‚*JSInit*' neu übersetzt werden.

Die Datei ‚*Initialisierung.bat*' muss an die entsprechende Umgebung angepasst werden. Dazu muss man sie mit einem Editor öffnen und folgende Zeile editieren:

-Djava.rmi.server.codebase=http://192.168.0.4:8080/ JSinit

Die Codebase beschreibt die IP-Adresse des Webservers.

6.2.1 Die Dateien der Spielentwickler

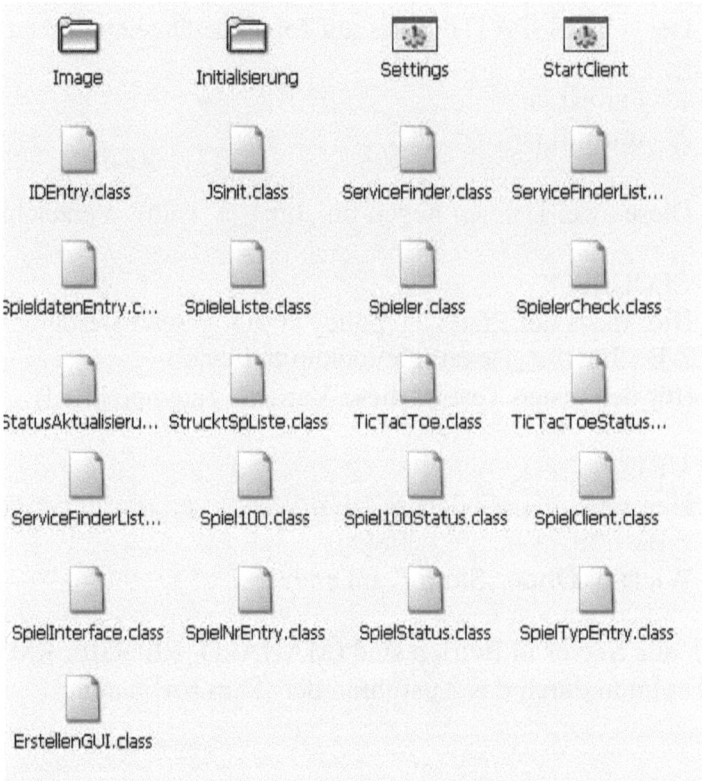

(Abbildung 6.1-1)

Die Dateien der Spiele und die jeweiligen Status-Klassen werden in ein Verzeichnis auf den Webserver gelegt.

- o TicTacToe.class
- o Spiel100.class
- o TicTacToeStatus.class
- o Spiel100Status.class

6.3 Integration eines neuen Spiels

Die folgende Anleitung ist für die Spielentwickler wichtig und kann in einigen kurzen Schritten erklärt werden. Zuerst aber muss Kapitel 4.9 & 5.2.5 gelesen und verstanden worden sein. Der Systementwurf des Basissystems ist für den Spiel-Programmierer weniger von Bedeutung.

6.3.1 Aspekte der Implementierung

Hier werden Punkte hinsichtlich der Implementierung eines neuen Spiels gegeben, welche dem Programmier helfen sollen.

Der Spiel Status

Der Klassennamen setzt sich zusammen aus dem Namen + „Status"
z.B. ‚*public class SchachStatus'*. Diese Klasse muss von der abstrakten Klasse ‚*SpielStatus'* erben. Somit entsteht folgende Klassendefinition:

public class SchachStatus extends SpielStatus

Die Implementierung der spielspezifischen Methoden dieser Status-Klasse steht dem Programmierer völlig frei!

Das Spiel

Hier ist darauf zu achten, dass der Klassennamen genauso lautet wie der Name unter dem das Spiel auf dem JavaSpace-Server veröffentlicht wurde (s.h. 5.2.2). Die Klasse muss weiterhin das Interface ‚*SpielInterface'* implementieren. Somit entsteht folgende Klassendefinition:

public class Schach implements SpielInterface, ..., ...

Hier müssen einige Methoden implementiert werden:

1.) aktiviereGUI(boolean b)
 ✍ aktiviert die Oberfläche für den Spieler der gerade am Zug ist
 ✍ deaktiviert die Oberfläche für die restlichen Spieler

Beispiel Implementierung (Spiel100):
```
public void aktiviereGui(boolean b) throws RemoteException
{
        for (int i = 0; i < 3; i++)
        {
                for (int j = 0; j < 3; j++)
                {
                        buttons[i][j].setEnabled(b);
                }
        }
}
```

2.) *setStatus(String newStatus)*

✍ dient zur Anzeige des Spielstands auf der Oberfläche

Beispiel Implementierung (Spiel100):
public void setStatus(String s) throws Exception
{

      this.stat.setText(s);

}

3.) *spielen(int spID, int spNr, Spieler sp)*

✍ dient zur Implementierung des Spielablaufs und der Spieloberfläche

Man bekommt als Parameter die eindeutige Spiel-ID, die Spielernummer und ein
Spieler-Objekt geliefert. Die ID ist wichtig um auf das Spieldaten-Objekt
zugreifen zu können. Die Nummer benötigt man, um die Spielerabwechselung
bzw. den Spielverlauf zu koordinieren *(s.h. Punkt 5.2.5)*. Das Spieler-Objekt wird
verwendet, um die Methode ,*verlasseSpiel()*' aufrufen zu können, welche den
Spieler aus dem Spiel entfernt.

Auszug aus Implementierung des Spiel100:

```
public void spielen(int spID, int spNr, Spieler sp) throws RemoteException
{
        // Wertzuweisung
        this.spNr = spNr;
        this.spID = spID;
        this.sp = sp;

        // Oberfläche erstellen ect.
        // Verbindung zum JavaSpace-Server herstellen etc.

        // Der Spielablauf
        while(laeuft==true)
        {
                try
                {
                                // Ein Template erzeugen um Spieldaten-Objekt zu finden
                                tempSpiel = new SpieldatenEntry(spID, meineSpNr);

                                // Auf Objekt, welches der Template Anfrage entspricht, warten!
                                result = (SpieldatenEntry)js.take(tempSpiel, ....);

                                // Anzahl der Spieler speichern
                                maxSpieler = result.spMax.intValue();

                                // Den Status des Spiels speichern
                                status = (Spiel100Status)result.spStatus;

                                // Oberfläche aktualisieren
                                aktualisiereGui(status);

                                // Spielzug-Implementierung…und 'spIstDrann' anpassen!
                                // Spiel-Status anpassen

                                // 1 Fall: Obere Grenze ist erreicht, beginn wieder mit Spieler 1
                                result.spIstDran = new Integer(1);

                                // 2 Fall: sonst
                                result.spIstDran = new Integer(spNr + 1);

                                // Objekt mit den neuen Daten auf JSS schreiben
                                js.write(result,.....);
                }
                catch(Exception exc){}
        }//while
}//spielen
```

6.3.2 Aktualisieren des JavaSpace-Servers

<u>Schritt 1:</u>
Zur Integration eines neuen Spiels muss im ersten Schritt das neue Spiel auf dem JavaSpace-Server bekannt gemacht werden. Dazu muss die Klasse *„JSInit'* um das neue Spiel erweitert werden. Man öffnet mit einem Editor die *„JSInit.java'* Datei. Die entsprechenden Stellen sind mit:

----->> HIER KÖNNEN WEITERE SPIELTYPEN FOLGEN <<-------

gekennzeichnet.

Die bisherigen Spiele:
SpielTypEntry spiel1 = new SpielTypEntry(1,"Spiel100", 4, false);
SpielTypEntry spiel2 = new SpielTypEntry(2,"TicTacToe", 2, true);

Das neue Spiel:
SpielTypEntry spielNEU = new SpielTypEntry(3,"Schach", 2, true);

Als neues Spiel wird ‚Schach' angeboten. Die maximale Spieleranzahl ist zwei. Man kann bei der Erstellung dieses Typs die Spieleranzahl nicht verändern ‚*true'*(Schach muss zwei Spieler haben).
Bei dem Spiel100 kann man ein Spiel mit ‚zwei', ‚drei' oder ‚vier' Spielern erstellen. Aus diesem Grund steht dort das letzte Attribut auf *‚false'*.

<u>Schritt 2:</u>
Hat man nun die Zeile an den entsprechenden Stellen eingefügt, muss man die ständige Lease-Erneuerung berücksichtigen.
Man sucht sich folgende Zeilen aus dem Quellcode:

Templates der Spiele werden erstellt:
SpielTypEntry tmpSp1 = new SpielTypEntry(1);
SpielTypEntry tmpSp2 = new SpielTypEntry(2);

SpielTypEntry tmpSpNeu = new SpielTypEntry(3);

Bekanntlich wird die Lease-Zeit erneuert, indem das entsprechende Objekt mit ‚*takeIfExists()'*genommen und sofort wieder mit ‚*write()'*zurück geschrieben wird.

Objekt wird genomen:
tmpSp1 = (SpielTypEntry) js.takeIfExists(tmpSp1, txn.transaction, Long.MAX_VALUE);
tmpSp2 = (SpielTypEntry) js.takeIfExists(tmpSp2, txn.transaction, Long.MAX_VALUE);

tmpSpNEU = (SpielTypEntry) js.takeIfExists(tmpSpNEU, txn.transaction, Long.MAX_VALUE);

Objekt wird zurück geschrieben:
js.write(tmpSp1, txn.transaction, 1000*60*10);
js.write(tmpSp2, txn.transaction, 1000*60*10);

js.write(tmpSpNEU, txn.transaction, 1000*60*10);

Zusammenfassung und Ausblick

In dieser Arbeit wurde ein Client entwickelt, der durch einfache Integration erweitert werden kann. Der Client basiert auf JINI und JavaSpaces.

Die Anwendung kann von zwei wesentlichen Benutzergruppen genutzt werden.

Der Spieler nutzt die vom Spielentwickler angebotenen Spiele, welche er durch eine einfache Integration anbieten kann. Der Spielentwickler muss nicht die Implementierung des eigentlichen Basissystems kennen. Er muss sich nur auf seine zur Spiel-Integration vorhandenen Schnittstellen konzentrieren und kann mit Hilfe der angegebenen Anleitung sein implementiertes Spiel einbinden.

Bei dieser Projektarbeit wurde der gesamte Datentransport über einen JavaSpace-Server erledigt. Hierbei wurde mir der Umgang und das Verständnis eines solchen Systems sehr vertraut. Zur automatischen Bereinigung des JavaSpace-Servers von ‚Objektleichen' wurde die Jini-Lease-Eigenschaft eingesetzt. Die Lease-Eigenschaft ist eine sehr hilfreiche und wichtige Eigenschaft von JINI, die auch genutzt werden sollte.

Dadurch wird eine ‚Selbstheilung' des Systems, bei eventuell auftretenden Abstürzen innerhalb eines verteilten Systems gewährleistet. Die implementierte Anwendung hat dadurch spürbar an Performance und Sicherheit gewonnen.

Die anfängliche Installation der Umgebung hat sich als sehr Mühsam heraus gestellt. Hier ist noch eine Verbesserung von SUN notwendig. Ein Laie hat es schwer, die Umgebung auf seinem Rechner zum Laufen zu bekommen und wird daher eher selten auf die Anwendung zugreifen. Der wesentliche Vorteil des Systems liegt darin, dass man das Basissystem keinem Update unterziehen muss, um ein neu entwickeltes Spiel nutzen zu können. Man kann das neue Spiel auf einem Webserver hinterlegen. Es wird von der Anwendung automatisch, bei entsprechend korrekt gesetzter Codebase, geladen.

Dies ist eine sehr nützliche Eigenschaft von JINI und zeigt seine Möglichkeiten.

Wünschenswert für eine spätere Erweiterung wäre das Anmelden unter einem Benutzernamen. So könnte jeder Spieler auch von anderen identifiziert werden.

Zusätzlich wäre es möglich eine Chat-Funktion zu integrieren, über die sich die Benutzer während der Spielpartie oder auch auf der Client-Oberfläche unterhalten könnten.

Die Warteraum-Funktion kann auch mit den Spielernamen, die sich gerade darin befinden ausgebaut werden. Auch hier wäre ein Chat vorstellbar, in dem die wartenden Spieler sich unterhalten könnten.

Weiterhin hätte man die Möglichkeit, einen zusätzlichen Button einzubauen der es erlaubt, gewisse Spieltypen, die keine vorgeschriebene Spieleranzahl benötigen, sofort zu starten, ohne dass das Spiel voll sein muss. So könnte ein Spiel das mit vier Spielern als Spieleranzahl erstellt wurde, auch mit zwei Spielern gespielt werden ohne es neu erstellen zu müssen.

Anhang 1/2

Quellen
- Vorlesungsunterlagen 'Verteilte Systeme' Autor: Prof. Dr. Rainer Oechsle
- Vorlesungsunterlagen ‚Betriebssysteme' Autor: Prof. Dr. Rainer Oechsle
- Literatur ‚Lehrbuch der Objektmodellierung' Autor: Heide Balzert
- Literatur ‚Java2 Referenzen und Funktionen' Autor: Data Becker
- Literatur ;Jini in a nutshell' Autor: OReilly
- http://java.sun.com Software, API und Java Dokumentation
- http://www.galileocomputing.de WWW-online book 'javaInsel'
- http://www.selfjava.de/ WWW-online book 'Self Java'
- http://www.gamespy.com Testclient zur Gegenüberstellung in Punkt 1.1.4
- http://wwwmath.uni-muenster.de Installationsanleitung der JINI-Umgebung

Benötigte Software
Um den Client auf seinem Rechner nutzen zu können, ist folgendes an Software nötig, welche frei im Internet zu erhalten ist:
- Die aktuelle Java Umgebung (http://java.sun.com)
- Die aktuelle Jini Distribution (http://java.sun.com)
- Einen Webserver (z.B. http://www.apache.com)

Benötigte Hardware
Mindestvoraussetzung:
- 128MB Arbeitsspeicher oder höher
- 200MHz CPU oder höher
- 4MB Grafikkarte oder höher
- 10/100Mbit Netzwerkkarte TCP/IP

Anhang 2/2

Definitionen und Namenskonversionen

Die Dokumentation ist folgendermaßen zu lesen:
Methoden und Quellcode werden ‚*kursiv*', Klassennamen als ‚***fett kursiv***',
Verweise zu anderen Punkten als *(s.h. Punkt xxx)* dargestellt.

In der Dokumentation werden folgende Abkürzungen verwendet:
JS ✍ JavaSpaces
JSS ✍ JavaSpaces-Server
Txm ✍ TransactionsManager
JVM ✍ Java-Virtual-Machine
MPS ✍ Mehr-Personen-Spiel

<u>Marker Interface</u>
Dieses Interface enthält keine Konstanten oder Methoden.

<u>Template Request</u>
Es wird ein ‚Entry-Objekt' mit den ‚Such-Kriterien' erstellt. Dieses Objekt wird
als ‚*Template*' bezeichnet. Ein ‚*Template Request*' ist eine Anfrage an den
JavaSpace-Server, ob dies Objekt vorhanden ist.

<u>Polymorphismus</u>
Der ‚**Polymorphismus**' ermöglicht es, den gleichen Namen für gleichartige
Operationen zu verwenden, die auf Objekten verschiedener Klassen auszuführen
sind. Der Sender muss nur wissen, dass ein Empfängerobjekt das gewünschte
Verhalten besitzt; er muss nicht wissen, zu welcher Klasse das Objekt gehört

Der komplette Surecode ist von mir gegen eine Gebühr
von 20Euro erhältlich!!

Darin befinden sich alle in diesem Projekt verwendeten
Klassen und die Umgebung für den Spielprogrammierer!!